SER PRODUTIVO

Dicas práticas para ter uma semana perfeita e poderosa para transformar sua produtividade em um hábito.

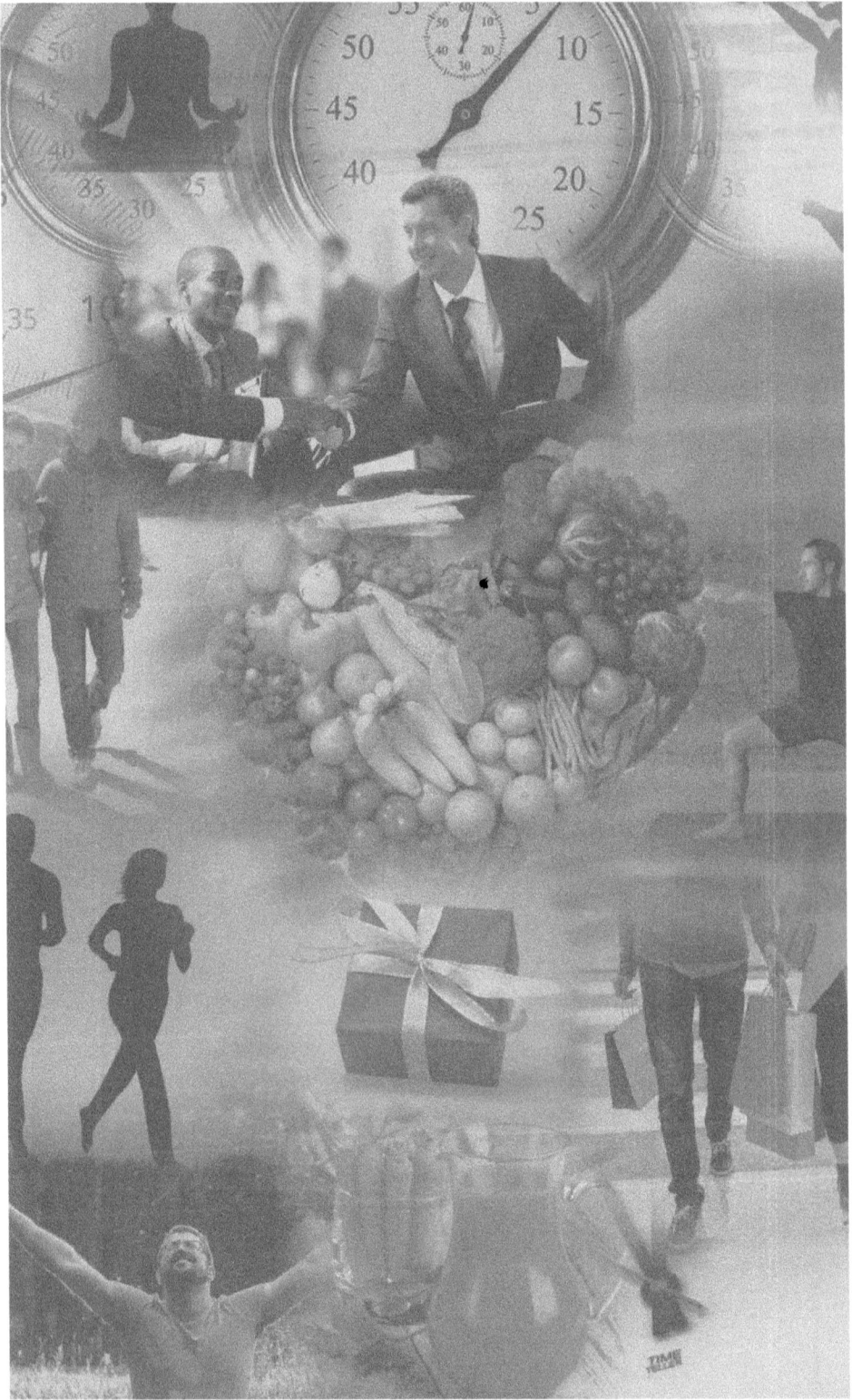

MAURICIO MARCHESANI

SER PRODUTIVO

*Dicas práticas para ter uma semana perfeita
e poderosa para transformar sua produtividade
em um hábito.*

São Paulo

CASA DO
ESCRITOR

2019

Ser Produtivo
de Mauricio Marchesani

Editores
Eldes Saullo
Walter Santos

Projeto Gráfico e Editorial
Casa do Escritor

Dados Internacionais de Catalogação na Publicação (CIP)

M316s

Marchesani, Mauricio.
Ser Produtivo / Mauricio Marchesani. – São Paulo, SP: Casa do Escritor, 2019.
14 x 21,6 cm

ISBN 978-85-90659303

1. Desenvolvimento Pessoal 2.Produtividade. I. Título.

CDD 158.1

Dez semanas para sair do comum, da rotina e **SER PRODUTIVO** em todas as áreas de suas vida.

Aprenda a organizar a sua semana para que ela seja perfeita e poderosa para que possa alcançar altos níveis de produtividade.

Adquira uma nova forma de pensar, novos hábitos e rotinas diárias que farão com que você seja **mais produtivo, saudável e positivo**, dando um passo de cada vez para realizar seus projetos e alcançar maiores sonhos e objetivos.

MAURICIO MARCHESANI

DEDICATÓRIA

Este *booklet* é dedicado para todas as pessoas que desejam escrever uma nova história, criar um novo caminho para suas vidas em diferentes áreas, como, por exemplo: cuidar da saúde, melhorar seus relacionamentos, alavancar sua carreira, transformar sua vida financeira, ser mais organizado e ganhar mais produtividade com sua rotina semanal.

Dedico também aos meus filhos Leonardo e Marina que sempre me incentivaram, apoiaram e deram força para fazer a diferença.

Este é o seu momento!

*Leia este booklet
e faça algo
maravilhoso
e grande,*

ainda hoje!

SUMÁRIO

Introdução

MINHA HISTÓRIA DE MUDANÇA

Como eu consegui sair de uma situação desastrosa após a perda de meu emprego, divorciado, quebrado financeiramente, depressivo, para uma vida próspera.

Em 2002, depois de muito sucesso em minha carreira, minha vida virou de cabeça para baixo, após a perda de meu emprego. Além desse acontecimento, também passei por um divórcio e vi minha família se despedaçar. Fiquei emocionalmente abalado com tudo e assustado com a velocidade dos acontecimentos. Como resultado, poucos meses depois estava quebrado financeiramente, em depressão e morando de favor. Cheguei até a pensar em desistir da vida. Não tinha ideia de como sair daquela situação, nem o que fazer para ganhar dinheiro, ou ter um novo negócio. Mal sabia como restaurar a minha vida, recuperar a confiança em mim mesmo e nos outros.

Em todas as empresas onde trabalhei, sempre exerci cargos de liderança, trabalhava de forma apaixonada e fiz amizades fortes e confiáveis. Em poucos meses vi isso tudo ruir. Nesses momentos, reconhecemos realmente quem são nossos amigos, e os familiares com quem podemos contar.

Sempre fui empreendedor, mas, devido a depressão, não encontrava ânimo e motivação para fazer nada. Nessa época, pedi ao meu pai para me ajudar a comprar um computador para que eu tivesse uma ferramenta para buscar trabalho ou voltar a empreender. Foi uma fase muito difícil. Só conseguia sentir tristeza, desânimo e desmotivação. Chorava todos os dias. Isso seguiu por alguns anos. Tinha receio de sair de casa, encontrar outras famílias se divertindo e não suportar lembrar do divórcio.

Estar sem dinheiro significava não poder ter meu próprio apartamento, meu lar. Tinha apenas meu carro, algumas roupas, um álbum de fotos dos meus filhos pequenos, livros e apostilas de treinamentos e muitas lembranças doloridas. Cheguei a pensar em suicídio.

Tinha consciência de que meu estilo de vida atual não estava funcionando e de que precisava descobrir como ganhar mais dinheiro para sair daquela situação. Então, por meio de um *insight*, comecei a procurar por história de pessoas que tinham sido bem-sucedidas em seus próprios negócios. Passei a estudar sobre como fazer para empreender, além de aprender como as pessoas de sucesso e ricas pensavam.

Uma das lições que aprendi é que é possível levantarmos a cabeça, independente da situação, e fazer as coisas acontecerem novamente. Isso só depende da maneira como pensamos sobre cada situação.

Depois de navegar muito na internet, tive a indicação de uma amiga e busquei informações a respeito de um mentor que abordava sobre desenvolvimento de pessoas, como lidar com os medos e dúvidas, como restaurar a própria confiança, e como ter sucesso novamente após uma situação difícil. Comecei a procurar alguns livros a respeito desse conceito e encontrei muitas histórias sobre pessoas de sucesso. Meu foco mudou e a partir daí, minha vida começou a se transformar.

Depois de alguns anos em profunda depressão e desânimo, surgiram alguns trabalhos esporádicos. Com isso, consegui achar a minha motivação, e comecei a praticar novos hábitos de eficácia com a ajuda de alguns livros que li. Um deles foi "Os 7 Hábitos das Pessoas Altamente Eficazes" do Dr. Stephen Covey[1]. Outro foi "Motivation Manifesto" do Brendon Burchard"[2], entre outros, mas esses dois realmente foram os que mais transformaram a minha vida.

A motivação me fez perceber onde queria chegar, mas ainda não sabia como fazer. Tinha a certeza de querer ser um empreendedor e ter uma marca própria de sucesso. Descobrir isso foi a chama que faltava para iluminar e reascender o meu novo caminho. Hoje sou facilitador pela FranklinCovey/Brasil, e ministro treinamentos sobre liderança, produtividade, confiança, e influência; todos voltados a eficácia individual e da equipe com cursos abertos e também em organizações. Percebo como sou inspirador da mudança para as pessoas e é gratificante constatar como pude ajudar muitas delas a realizarem seus sonhos e mudarem de vida.

Não foi fácil, pois, primeiramente, tive que fazer muitas mudanças, em mim mesmo, em especial, na maneira de pensar sobre o que era ter sucesso e como me relacionar com as pessoas. Tive que aprender a lidar com as diferenças, sem perder a esperança, independente do grau de dificuldade em conseguir o que desejo. Todo esse estudo e dedicação me levou ao começo de um novo negócio, que resultou em, finalmente, ganhar mais dinheiro.

A partir daí, descobri um meio de vender meus serviços e produtos digitalmente, por meio de um negócio *on-line*, e , para mim, essa maneira foi eficaz para ganhar dinheiro.

Foram mais de oito anos de estudo, pesquisas em desenvolvimento humano, entrevistando *experts*, lideres de sucesso, e fazendo cursos. Não foi fácil, exigiu muito trabalho e dedicação. Com isso, pude deixar de lado a desmotivação e a negatividade que eu sentia das situações e das pessoas. Uma das maiores descobertas nesse periodo, foi que tudo depende da maneira como você pensa a respeito das coisas. Isso depende de seus paradigmas, padrões, ou seja, a forma como você vê o mundo pode ou não limitar de realizar o que deseja. Quando mudei minha forma de pensar e adquiri novos hábitos, vi minha vida se transformar para melhor.

Estou certo de que a sua vida também pode ser transformada.

Compartilharei nesse "*booklet*" alguns conceitos, práticas e ferramentas que aprendi, utilizei e incorporei, para que minha vida se transformasse, pois não aguentava mais ficar acomodado, ou fazer todos os dias, coisas comuns. Eu queria mesmo empreender, fazer a diferença. Queria ter um significado ainda maior, Contribuir e impactar a vida das pessoas.

Além da minha história, também exponho alguns hábitos de pessoas que tiveram sucesso e empreenderam em um negócio *online*. Veremos quais as práticas, comportamentos, forças e talentos naturais suficientes para direcionar você a uma transformação de muitas coisas em diferentes áreas em sua vida.

Vivemos em um mundo que exige que você adicione valor, guie as outras pessoas e gerencie suas prioridades, seus projetos complexos e que exigem que você aprenda a lidar também com as diferenças.

Tenha coragem para colocar em prática tudo o que esse *booklet* apresenta e tenha sua vida transformada. Isso é uma escolha, algumas coisas são fáceis outras mais duras, mas meu conselho e que experimente colocar os conceitos em prática.

Dando início a jornada para que você possa " Ser Produtivo", falo sobre dez mentalidades. Apresento a maneira comum de pensarmos sobre as coisas (não se trata uma maneira errada de pensar, mas apenas uma mentalidade comum que a maioria das pessoas tem), e faço uma comparação com a maneira mais eficaz, que chamo de uma nova mentalidade. Se você seguir essa nova mentalidade poderá "Ser mais Produtivo".

Sempre depois de cada mentalidade apresentada, sugiro que você faça um exercício, para começar a colocar em prática esse novo jeito de pensar.

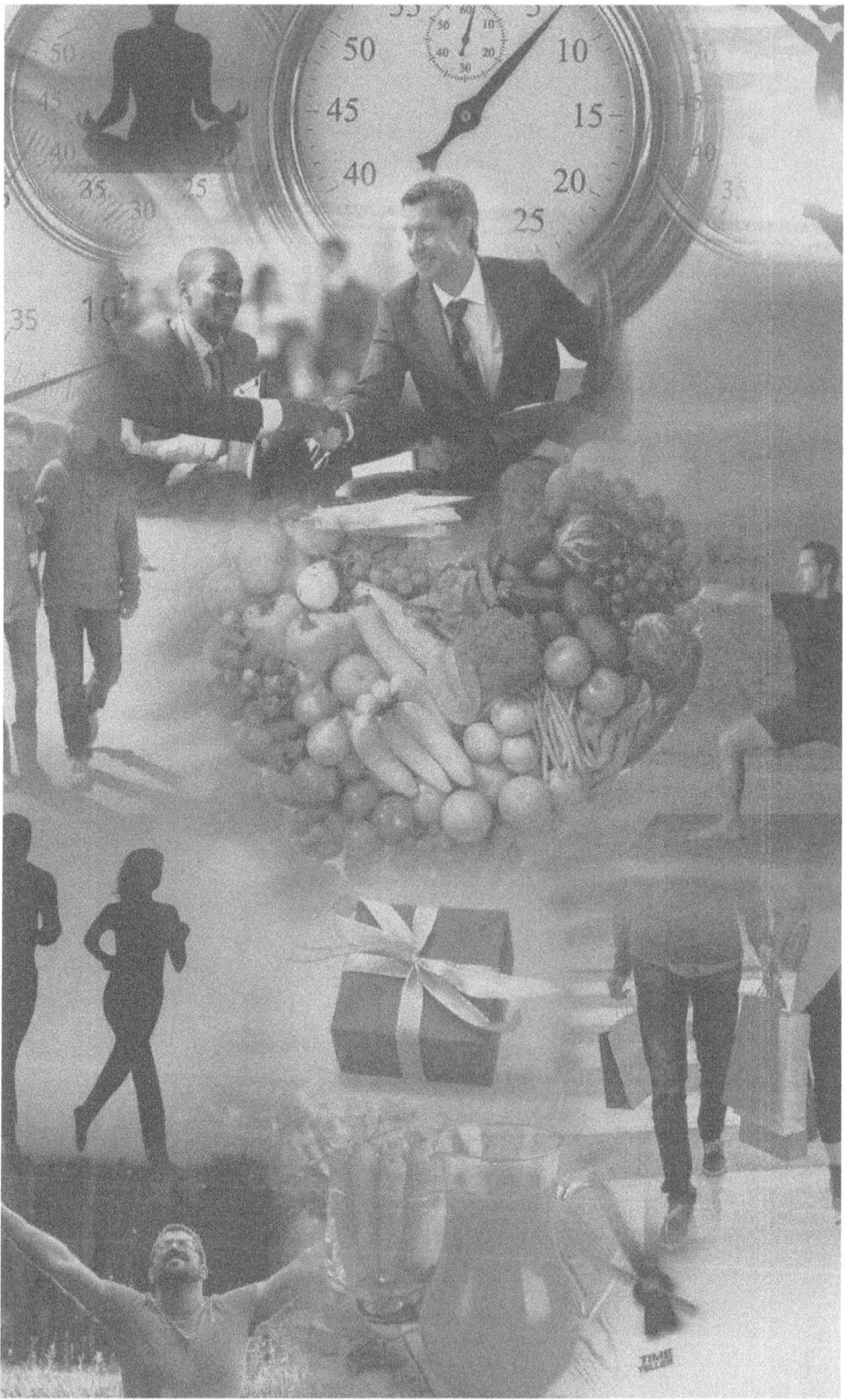

10 MENTALIDADES IMPORTANTES QUE EU PRECISEI ADQUIRIR PARA PODER AVANÇAR EM MINHA VIDA

Para ter sucesso e mudar de vida é necessário trabalhar duro, pensar e se comportar de maneira diferente.

Você poderá sentir sua energia vital renovada quando essas mudanças começarem a acontecer. Com isso, terá cada vez mais confiança para saber como canalizar seus pensamentos e ações para servir efetivamente, a você mesmo e outras pessoas.

Visão de Futuro
Uma Visão Comum

Quando eu estava sem dinheiro, morando de favor eu tinha em mente que deveria procurar um emprego qualquer para, pelo menos, poder pagar as contas. Fiz inscrição em sites de empregos, mandei currículo para várias empresas. Achava que um dia algo surgiria, uma entrevista, um emprego qualquer. Ao pensar dessa maneira poderia fazer um trabalho ou outro sem significado. É o que a maioria das pessoas fazem hoje em dia, acabam por reclamar da situação, das pessoas e das empresas onde trabalham. Eu não queria ser mais uma pessoa que trabalha em algo que não gosta e não se sente realizada.

Visão de Futuro
Uma Nova Mentalidade

Identificar e saber onde queremos chegar é parte fundamental para deixar a desmotivação de lado. Um dos fatores que me ajudou a sair da depressão foi ter clareza de onde eu queria chegar e saber o que tinha que fazer. Isso não significa fazer tudo num primeiro momento, mas pensar nas habilidades que teria que adquirir para conseguir transformar minha vida e realizar o que desejava para o meu novo futuro.

Para isso, todos os dias eu fazia o exercício de visualizar o que gostaria de ser e conquistar. Imaginava que estava ministrando cursos e palestras, com meu próprio negócio de curso on-line. Se eu não tivesse visualizado o que queria alcançar, jamais teria conseguido. E se tivesse visualizado um emprego comum em uma empresa também comum, que não era o que eu queria de fato, talvez você nunca teria ouvido falar de mim, da minha história, do meu negócio.

Saber onde eu queria chegar, permitiu buscar e adquirir conhecimentos específicos, algo muito importante atualmente. Para realizar o trabalho que queremos, precisamos ter as habilidades necessárias e somente conseguimos isso pela aquisição de conhecimento e prática do que aprendermos, por meio de treinamentos, cursos, palestras, leituras, seminários, etc.

Sempre tive muita curiosidade em aprender coisas novas, tanto que ninguém me ensinou como ter sucesso em meu próprio negócio. Busquei as informações que precisava e, com a ajuda de alguns mentores, transformei as descobertas em ações. Entretanto, isso não teria sentido se eu não tivesse a clareza de onde queria chegar na vida. Esse é o primeiro ponto:

Saber onde se quer chegar

Visualize o que quer atingir em sua vida para atrair um futuro melhor. Revisite suas ambições todos os dias, toda semana. Revisite esse futuro todos os dias. Nós não esquecemos nossas motivações, apenas esquecemos de revisitá-las. Precisamos visualizar o que nos motiva e lembrar disso todos os dias. Isso significa não viver nossos dias de modo reativo.

Em um dos cursos que ministro pela FranklinCovey[3], peço aos participantes fazerem um desenho de uma paisagem, de acordo com algumas regras. Muitos fazem o desenho incompleto, vivem uma linha de cada vez ao invés de viver, a paisagem, o desenho como um todo. Saber onde quer chegar, facilita e muito.

O que sabemos, por meio de pesquisas, é que as pessoas que visam o que querem e pensam sobre seu futuro, geram uma emoção positiva, um sentimento bom, e, com isso, acessam o otimismo que auxilia a antecipar seu futuro de maneira efetiva.

Pense em coisas boas. Você é mais forte do que pensa. Se acreditar, isso energiza você. Repense seu futuro: como você será, como tratará sua família, como cuidará da saúde, como lidará com outras pessoas. Visualize as suas manhãs e as suas novas rotinas semanais.

VISUALIZE AS COISAS
PARA DEPOIS SABER QUE AÇÕES
E HABILIDADES SERÃO
NECESSÁRIAS PARA REALIZÁ-LAS
COM EXCELÊNCIA.

Sugestões para chegar o alto desempenho

Pense profundamente sobre sua vida e imagine um futuro convincente. A presença do alto desempenho do dia a dia, normalmente, acontece para pessoas que buscam focar o que querem. Repense sobre seu futuro e em como você gerenciará a sua saúde, as suas manhãs, a sua carreira e família, bem como lidará com aquilo que considera mais importante. Esse exercício simples pode ajudar a recuperar a clareza e energia substancial em relação aos seus objetivos.

> *Observação: faça esse exercício abaixo, todas as semanas, antes da semana começar. Ao final de cada semana, avalie-se como foi realizar essas tarefas. Pense em tarefas diferentes para cada semana durante as próximas 10 semanas.*

Pense sobre como você reagiria e dê continuidade para as frases abaixo:

1. Quando penso em minha carreira, eu imagino...

....

....

....

....

....

....

2. Escreva na tabela abaixo, de uma a três tarefas a respeito do que você faria, a curto prazo, para estar mais próximo de ter a carreira que deseja. Imagine essas tarefas como sendo parte de seu planejamento semanal.

Exemplo:
Tarefa - escrever o capítulo do livro
Data - segunda feira dia 10 das 14h00 as 18h00

TAREFA	DATA

3. Quando penso em minha família, imagino que ela seja...

....

....

....

....

....

....

....

....

....

....

4. Escreva, na tabela abaixo, de uma a três tarefas a respeito do que faria, a curto prazo, para estar mais próximo de ter essa família que deseja.

Imagine essas tarefas como sendo parte de seu planejamento semanal. Depois execute-as em dia e horário marcado.

Exemplo:
Tarefa - jantar com a Marina e o Leonardo após uma sessão de cinema
Data - sexta feira, dia 15 as 20h00

TAREFA	DATA

Investir Seu Tempo
nas Coisas Mais Importantes
Uma Visão Comum

Se eu continuasse com a ideia de encontrar um emprego qualquer com certeza estaria fazendo oito horas diárias de trabalho comum, chegando em casa cansado, comendo demais ou dormindo pouco, ou mesmo ficando horas em frente a televisão ou nas midias sociais vendo a vida acontecer para as outras pessoas por meio de posts.

Investir Seu Tempo
nas Coisas Mais Importantes
Uma Nova Mentalidade

Escolhi deixar de gastar meu tempo com coisas irrelevantes e investir em coisas mais importantes para a minha vida, pessoal e profissional e que trariam de volta o meu sucesso, bem como minha vontade de viver, liberdade financeira e autoconfiança. É muito importante saber o que fazer com o nosso tempo. Essa foi uma das grandes lições que eu tive. Ninguém disse que ganhar dinheiro e ter uma vida mais próspera, é fácil. Entretanto, se você assistir televisão o dia todo; ou vídeos diversos e irrelevantes no *YouTube,* isso não contribuirá para seu crescimento pessoal ou profissional. Qualquer coisa que não esteja alinhada ao seu objetivo de vida e para realizar as mudanças necessárias que você deseja, será, literalmente, perda de tempo. Recentemente li sobre uma pesquisa que dizia que passamos em média dez anos da nossa vida em frente a uma televisão. Não quero isso para a minha vida, prefiro investir esse tempo em ficar mais presente com as pessoas que amo, meus amigos e cuidar da minha carreira.

Ao invés de me distrair com coisas que nada acrescentam, prefiro pensar em formas de melhor investir meu tempo. É mais interessante investir nosso tempo em coisas que favoreçam a busca do sucesso que desejamos. Tudo é questão de escolha.

Mesmo com as mídias sociais e Internet de forma geral, você pode mudar seu olhar a respeito, bem como a forma de lidar. Definir tempo para acesso, por exemplo, é uma forma de definir prioridades. É preciso saber optar por coisas que o ajudem, a aprender. É preciso diferenciar as coisas que nos fazem perder tempo daquilo que precisamos investir para atingir nosso objetivos de vida. Tudo é uma questão de como vemos a vida, como falamos e nos comportamos, como aplicamos o que aprendemos e quais resultados queremos atingir.

Você tem tempo de sobra, basta se planejar e ter a disciplina para cumprir com o seu planejamento semanal. Planeje sua semana perfeita para Ser Produtivo e ter maior qualidade de vida, estar em equilíbrio com a vida pessoal e profissional, além de se destacar na carreira.

FAÇA SEMPRE O MAIS
IMPORTANTE PRIMEIRO,
TANTO NA SUA VIDA PESSOAL
COMO NA PROFISSIONAL.

Sugestões para chegar ao alto desempenho

Quais tarefas que você faz que considera com importância baixa ou mesmo sem nenhuma importância para sua carreira ou para a sua família?

....

....

....

....

....

....

....

....

....

....

....

....

....

....

....

....

....

....

Quais dessas tarefas você se compromete a diminuir ou eliminar de vez, na semana que vem?

....

....

....

....

....

....

....

....

....

....

....

....

....

....

....

....

....

....

....

Ter Foco
Uma Visão Comum

Hoje em dia, temos tendência a nos distrairmos muito ao invés de realmente focarmos no que é importante. Uma pesquisa[4] identificou que em média acessamos o celular de 70 a 80 vezes durante o dia, perdendo tempo com jogos, mensagens sem sentido, posts irrelevantes, fofocas. Se você pretende ter sucesso em sua carreira e ser um empreendedor de sucesso, precisa saber focar, criar maneiras de manter o foco e minimizar as distrações.

Se você acha relevante ver o que as pessoas postam nas mídias sociais, ou acompanhar seus posts, faça isso no mínimo a cada uma hora. Ao agir dessa maneira, conseguirá perceber o quanto ficou focado somente em responder demandas ou checar posts de outras pessoas.

Ter Foco
Uma Nova Mentalidade

É preciso ter FOCO no que é realmente importante para você, ou seja , naquilo que trás realização, como, por exemplo, ter uma semana produtiva.

Comece fazendo apenas uma coisa importante por dia. Reserve um período, em sua agenda, com duração de 50 minutos, para focar em algo importante e que fará diferença em uma área de sua vida. Durante este tempo, fique livre de interrupções, inclusive com o celular desligado se possível. Isso fará com que você consiga se dedicar ao foco escolhido. Quando comecei a empreender, também tive muitas ideias, mas vi uma oportunidade de ensinar as pessoas a serem melhores, inspirando-as a serem capazes de mudar seus hábitos.

Eu entrei de cabeça nisso tudo e aprendi que é preciso focar em uma coisa importante de cada vez. Para isso, reservei então pequenos períodos de 50 minutos todos os dias, o que me direcionou para sair da acomodação e deixar as coisas irrelevantes de lado. O resultado foi tão bom que eu comecei a criar dois, três e até quatro blocos de 50 minutos por dia.

Qual a satisfação que você quer sentir ao fazer apenas uma coisa importante por dia? Pense o quanto seria bom fazer algo importante hoje para a sua vida. Tenha esse foco e identifique uma coisa importante para fazer ainda hoje, e faça, não importa o que estiver acontecendo no mundo lá fora.

TENHA A MENTALIDADE
DE FOCAR
EM UMA COISA POR VEZ.

Sugestões para chegar ao alto desempenho

Para ajudar você a ter mais foco, antes de começar sua tarefa com duração de 50 minutos, feche os olhos e execute dez respirações profundas. Repita mentalmente a palavra "foco". Limpe sua mente de qualquer pensamento e prepare-se para focar na próxima tarefa em questão. Defina um alarme, em seu celular, a cada 50 minutos.

Preencha as frases abaixo:

1. No meu papel de... (escreva aqui um papel pessoal)

....

meu foco nos próximos 50 minutos será...

....

....

2. No meu papel de... (escreva aqui um outro papel pessoal)

....

meu foco nos próximos 50 minutos será...

....

....

3. No meu papel de... (escreva aqui um um outro papel pessoal)

....

meu foco nos próximos 50 minutos será...

....

....

4. No meu papel de... (escreva aqui um papel profissional)

....

meu foco nos próximos 50 minutos será...

....

....

5. No meu papel de... (escreva aqui um outro papel profissional)

....

meu foco nos próximos 50 minutos será...

....

....

6. **No meu papel de...** (escreva aqui um papel ou pessoal, ou profissional que você gostaria de exercer, mas ainda não faz nada a respeito)

....

meu foco nos próximos 50 minutos será...

....

....

Obtendo as Informações Certas e Específicas

Uma Visão Comum

Hoje em dia, temos cada vez mais acesso a um grande número de informações. Muitas pessoas interessadas em empreender no marketing digital, por exemplo, o que podemos constatar pela quantidade de vídeos e conteúdos diversos. São muitas e diversas fontes de informação, que podem fazer com que você se perca de seu próprio foco. Ter a mentalidade de seguir várias pessoas, obter diversos conhecimentos de uma vez só, pode levar a sérias e desagradáveis consequências. Uma delas é não ter seu próprio negócio ou projeto de sucesso, pois você sempre sentirá a necessidade de obter novas informações antes disso e entrará num ciclo sem fim.

Obtendo as Informações Certas e Específicas

Uma Nova Mentalidade

Comecei nesse mercado sem ter experiência e não tinha a ideia do que e como eu precisava fazer as coisas. Se tivesse tido a mentalidade de não saber fazer isso ou aquilo e, por esse motivo, optar por não fazer nada, estaria hoje numa situação ruim.

Ainda bem que, hoje, temos o *Google*, *podcasts*, *livros*, *YouTube* e tantas outras ferramentas gratuitas para pesquisarmos o que for preciso. Não há mais desculpas. Toda a informação está disponível, em quase qualquer formato que desejamos aprender. Entretanto, é preciso ter cuidado. Você pode adquirir as informações que deseja, bem como as ferramentas e dicas que quiser e como vai colocá-las em prática. Acontece que o excesso de tudo isso pode distrair você e fazer com que sempre tenha algo mais perfeito para fazer e, dessa forma, você se distrair e nunca finaliza nada. Isso significa dizer que sempre haverá alguma informação a mais para colocar no seu projeto ou negócio o que fará com que você acabe postergando as coisas.

Todos os dias programe-se para aprender algo novo, procure as informações certas para seu crescimento pessoal e profissional. Identifique seus mentores, bem como um estilo de se comunicar e agir e busque somente as informações que julgar como corretas. Faça acontecer!

TENHA A MENTALIDADE
DE BUSCAR CONHECIMENTOS
NECESSÁRIOS QUE SÃO
SIGNIFICATIVOS PARA
O SEU NEGÓCIO OU PROJETO,
ACHE SEU ESTILO.

Sugestões para chegar ao alto desempenho

Para "Ser Produtivo" e para que toda semana seja perfeita e poderosa para você, é preciso investir parte do nosso tempo buscando informações específicas para o nosso conhecimento.

Identifique em sua agenda, conforme exemplo da tabela a seguir, como deseja adquirir as informações necessárias para seu crescimento pessoal e profissional. Marque em sua agenda uma tarefa referente ao seu aprendizado, identificando o dia e horário para realizá-la. Na coluna da esquerda, no exemplo a seguir, menciono algumas sugestões ou diferentes maneiras, de onde você pode buscar as informações para seu aprendizado. Certifique-se qual delas seria ideal para você, ou acrescente outros itens.

Este é apenas um exemplo. Utilize sua própria agenda, ou caderno de anotações.

DIA DA SEMANA/ ATIVIDADES	SEGUNDA	TERÇA	QUARTA	QUINTA	SEXTA		
CURSO PRESENCIAL					assistir aula do MBA		
TREINAMENTO ON LINE				assistir curso do Roger			
PESQUISA NA INTERNET		pesquisar sobre o tema de confiança					
LIVRO, APOSTILAS, MANUAIS	ler capítulo 1 do livro Brainblocks		ler capítulo 2 do livro Brainblocks		ler capítulo 3 do livro Brainblocks		
PALESTRA							
POD CAST	assistir Pod cast do John						

Obtendo Suporte e Recursos

Uma Visão Comum

É preciso dinheiro para ganhar dinheiro? Você precisa de um investidor que lhe dê o dinheiro que precisa, para poder lançar sua ideia?

Você não tem pessoas para ajudá-lo na jornada para começar seu próprio negócio, pois está sem dinheiro para pagá-los?

Essa é o tipo de mentalidade que nos bloqueia.

Obtendo Suporte e Recursos

Uma nova Mentalidade

Muitas pessoas acham que precisam de muito dinheiro para começar um negócio.

Imagina eu, desmotivado, sem dinheiro, ao ponto de jogar o pouco que tinha pelos ares?

Se eu tivesse essa mentalidade, não teria saído do lugar. Estaria, até hoje, procurando um emprego para pagar as contas.

O que eu fiz foi procurar pessoas que poderiam me dar suporte. Comecei por oferecer meu serviço, aquilo que eu sabia fazer, em troca do serviço, que eu precisava, de outra pessoa.

Claro que se você tiver amigos ou for indicado por algum outro amigo para ajudar uma outra pessoa as coisas ficam mais fáceis. Entretanto, existem maneiras de se conseguir o que se quer, pois sempre tem alguém que pode nos ajudar. Para isso, basta ter a mentalidade da abundância e da colaboração. Se não der certo com uma pessoa, procuraremos outra, até achar alguém que possa colaborar.

Comecei postando frases nas mídias sociais e precisei usar a minha influência e conhecimento para conseguir uma plataforma que me ajudasse a publicar meu conteúdo, que eu pudesse pagar pouco por isso. Fiz um acordo de três meses iniciais e, mesmo assim, encontrei uma pessoa que acreditou em mim e no meu negócio, que me ajudou com uma pequena quantia em dinheiro, para início desse projeto.

Quando encontramos os recursos certos e as pessoas certas, para nós, começamos a fazer dinheiro. Você também pode!

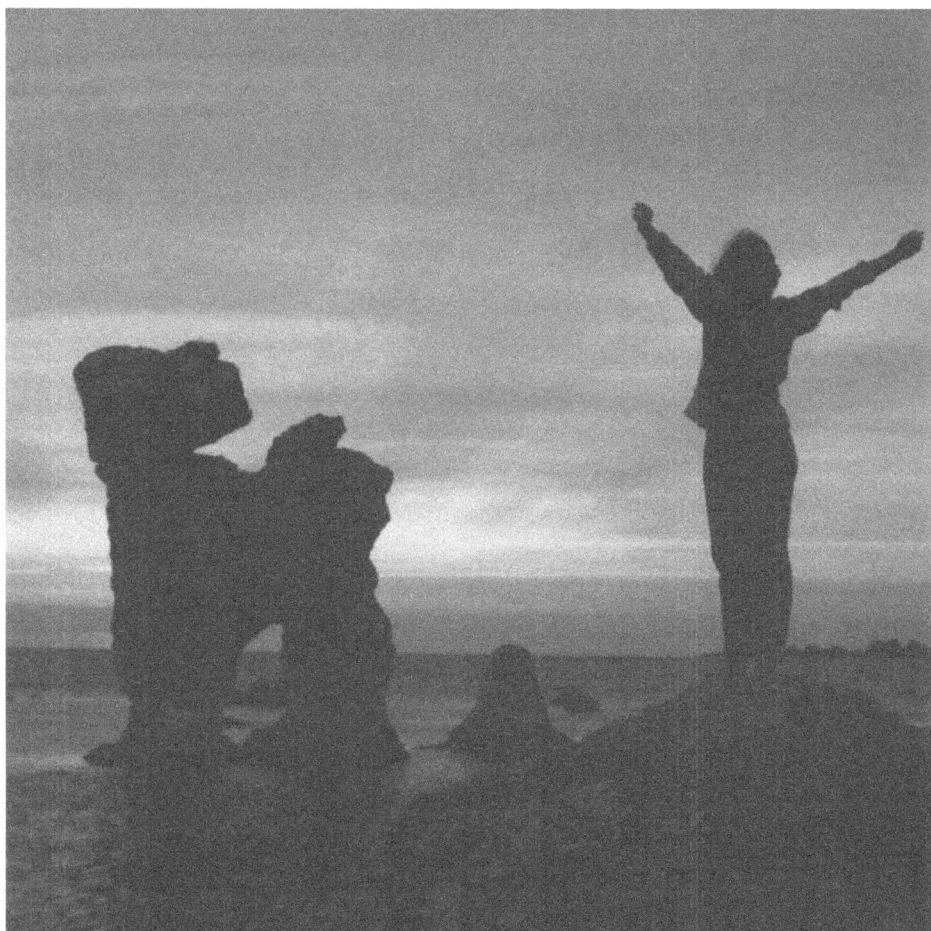

TENHA A MENTALIDADE DE
ESCOLHER QUAIS SÃO AS PESSOAS
CERTAS QUE PODEM AJUDAR
VOCÊ COM SEUS PROJETOS PARA
O SEU PRÓPRIO CRESCIMENTO
PESSOAL E PROFISSIONAL.

Sugestões para chegar ao alto desempenho

Tenha coragem de expor seu ponto de vista, fale de suas necessidades para as pessoas que podem dar suporte.

Sempre existe uma forma de obtermos recursos necessários, somente precisamos encontrar e falar com as pessoas certas, para nós e para nossos projetos. Caso não consiga, inicialmente, procure por alguém que possa dar um retorno positivo, persista.

Reflita e responda as perguntas abaixo:

1. **Quem você conhece que pode ajudar você? Ou quem você conhece que pode conhecer alguém que possa ajudar?**

....

....

....

....

....

....

....

....

....

2. Se você não tem as informações ou as habilidades necessárias, quem tem? Que tipo de parceria você pode fazer com essa pessoa?

....

....

....

....

....

....

....

....

....

....

Mentalidade

6

Medo do Desconhecido, Medo de Falhar

Uma Visão Comum

A vida muitas vezes pode ser assustadora.

E se eu falhar? E se eu não agradar as pessoas? O que acontecerá se todas as pessoas que disseram que eu não conseguiria fazer nada, realmente tiverem razão? E se eu perder amigos nesse processo?

E se...

Medo do Desconhecido, Medo de Falhar

Uma nova Mentalidade

Claro que eu tinha medo quando eu comecei, bem como todas essas dúvidas. Entretanto venci isso tudo. Cansei de estar desmotivado, de levar a vida me sentindo humilhado e envergonhado. Aprendi a enfrentar meus medos e a olhar eles de frente e dizer: "PODE VIR!".

O medo é, simplesmente, aquilo que pode limitá-lo. Para vencer esses medos é preciso arriscar mais.

O artigo de uma revista inglesa intitulado como "Do que você tem medo", comenta sobre oito segredos para fazer o medo sumir e oferece dicas para lidar com os medos diários:

- **Não importa o motivo de você ter medo**

  Saber o motivo de ter desenvolvido um medo específico não ajuda você na hora de superar esse medo e atrasa seu progresso em áreas que realmente podem ajudar a ter menos medo. Relaxe e pare de tentar descobrir o porquê.

- **Aprenda sobre aquilo que você teme**

  A incerteza é um grande componente do medo. Desenvolver um entendimento do que você tem medo, ajuda a apagar esse medo.

- **Pratique**

  Se houver algo que você tem medo de tentar porque parece assustador ou difícil, trabalhe em etapas. Criar familiaridade, aos poucos, torna as coisas mais fáceis de se controlar.

- **Descubra alguém que não tem medo daquilo que assusta você**

  Se há algo de que tem medo, encontre alguém que não tenha medo dessa coisa ou situação e passe um tempo com essa pessoa. Acredite, vai ficar muito mais fácil.

- **Fale sobre seu medo**

  Compartilhar seu medo com outras pessoas faz com que ele fique bem menos aterrorizante.

O QUE O MEDO NOS CUSTA?

Para dominar o medo, primeiramente, é preciso reconhecer seus efeitos horríveis sobre nossas vidas. O que vem de nós quando somos motivados pelo medo? Nós perdemos nosso centro emocional e caráter mental. Nossos pensamentos se tornam frágeis e cheios de ansiedade. Todo o pensamento consciente, inteligência e comportamento estreito a auto-proteção, limitam a nossa capacidade de sermos mais abertos e mais fortes para tomar decisões. As tendências naturais para a verdadeira auto expressão estão em pausa, e nossa capacidade de agir para cumprir nossos sonhos é paralisada. Quando permitimos que o medo permaneça como uma constante em nossas vidas, nossas ambições e comportamentos tornam-se pequenos e restritos.

Ter maturidade é aceitar que podemos controlar nossos impulsos, mesmo que estejamos condicionados a nossos pensamentos. Você é o único responsável por suas emoções e reações na vida. Mas se o medo ganha em nossas vidas, é porque simplesmente escolhemos mantê-lo sobre os nossos outros impulsos.

Dou um passo de cada vez, mas não desisto quando o medo aparece. Ao invés disso é melhor, **PARAR - REFLETIR - PENSAR**, qual é a razão de estar sentindo este medo é fundamental para **DECIDIR** como superá-lo.

O mesmo acontece quando você quer abrir um novo negócio e precisa investir, mas, você não tem dinheiro suficiente para isso. Então...

· PARE

Pois apareceu o medo de não conseguir a quantia necessária para investir nesse negócio.

· REFLITA

Eu quero mesmo seguir em frente com esse novo negócio, isso faz parte do meu sonho?

· PENSE

Que outras opções eu tenho? Eu gosto de dizer a mim mesmo, por exemplo: "Vamos! Saia disso e faça o que tem que fazer, procure quem poderia entrar em parceria com você para conseguir esse investimento. Veja todas as possibilidades, pense de maneira positiva, outras formas para fazer com que isso dê certo.

· DECIDA

Corra atrás das coisas que pensou, encontre saídas. Se alguém se recusar a fazer uma parceria com você, nesse negócio, encontre outra pessoa. Não desanime. Sempre é preciso encontrar motivação para seguir em frente.

É essencial ter coragem, bem como um cronograma, um ritmo para fazer essas coisas - além de algumas práticas para se libertar dos medos.

Então, que medos tenho que superar frente a determinadas situações? O medo ganha ou a liberdade de escolher seguir em frente ganha?"

TENHA A MENTALIDADE
DE QUE VOCÊ
PODE SUPERAR O MEDO

Sugestões para chegar ao alto desempenho

Complete as frases abaixo. Não existem respostas certas ou erradas, simplesmente escreva o que vem à sua mente. Leia as frases e complete com suas próprias experiências, bem como, fatos que vivenciou.

1. **As duas ou três coisas que eu deixei de fazer no passado pelo fato de sentir algum tipo de medo foi:**

....

....

....

....

2. **O medo que senti era:**

....

....

....

....

3. **As três coisas que estão me bloqueando essa semana que limitam as minhas ações são:**

....

....

....

....

....

4. As três coisas que eu faria se eu não sentisse esse medo:

....

....

....

....

....

....

5. Como eu posso arriscar mais ou adquirir novas habilidades para vencer esse medo:

....

....

....

....

....

....

....

....

....

....

....

....

....

....

....

....

....

Autoestima / Crença
Uma Visão Comum

A maioria das pessoas não acredita que sejam dignas de fazer mais, justamente por não acreditarem que são capazes. Ficam imaginando porque deveriam fazer o que é preciso e alcançar o que desejam, se poderia deixar a vida seguir seu curso normal de acordo com as circunstâncias.

Autoestima / Crença
Uma nova Mentalidade

É interessante ter a mentalidade de abundância, ou seja, acreditar que vai dar certo e fazer de tudo para que realmente dê certo. Se pensarmos em escassez e que não temos capacidade, podemos parar no tempo e realmente não conseguir.

Se você não ter em mente o que quer, se você não trabalhar duro e não se esforçar, então você não vai conseguir.

Houve um tempo em que perdi meus sonhos , as esperanças com relação a minha familia, por me sentir sem rumo após minha separação. Só consegui me sentir humilhado, envergonhado, estava quebrado financeiramente, totalmente sem experiência no marketing digital.

Em determinado momento parei de duvidar de mim mesmo e comecei a agir.

Comecei a praticar meditação todos os dias. Visualizava o que eu queria atingir. Com isso comecei a organizar e programar melhor as tarefas de cada semana, focar nas coisas mais importantes. Também procurei por suporte e venci o medo. Tudo isso melhorou muito a minha autoestima, que era o que eu precisa naquele momento. Busquei adquirir novos conhecimentos.

Essas práticas de meditação e visualização me fizeram sentir que precisava dominar novas habilidades e comecei, aos poucos, a construir a confiança em mim mesmo. Sempre visualizava meus sonhos sendo realizados e percebi que acreditar neles era mais do que apenas uma conversa comigo mesmo, me fez sentir a verdade da vida real.

TENHA A MENTALIDADE
DE CONFIAR MAIS EM VOCÊ
E EM SUAS NOVAS HABILIDADES,
BEM COMO NAS PESSOAS
AO SEU REDOR.

Sugestões para chegar ao alto desempenho

Use as frases abaixo para começar um pensamento sobre confiança em si mesmo e nas pessoas. Termine as frases de acordo com suas experiências e fatos ocorridos. Não existe resposta certa ou errada, o objetivo aqui é fazer você pensar a respeito.

1. **Se eu realmente começasse a compartilhar com as outras pessoas as coisas que eu sinto, as coisas que eu quero na vida, se eu falasse sobre a ajuda que preciso das outras pessoas, seria:**

....

....

....

....

....

....

2. **Comprometo a me comunicar de forma mais con-sistente com as outras pessoas e falar sobre quem eu sou, como me vejo em cada situação, o que eu sinto e o que eu quero, por meio de:**

....

....

....

....

....

....

3. As coisas que me desapontam, nesse momento, são:

....

....

....

....

....

....

....

....

....

....

4. Se eu fosse mais ousado em meus relacionamentos, minha principal atitude seria:

....

....

....

....

....

....

....

....

....

....

5. Agora pense se você tem autenticidade ao tratar os fatos, se pode pensar em uma nova forma de agir e se adaptar em mudar para adquirir mais confiança. Escreva abaixo uma tarefa na qual, se comprometeria a fazer ainda essa semana, para adquirir mais confiança com você mesmo:

....

....

....

....

....

....

....

....

Ser Uma Pessoa Mais Positiva
Uma Visão Comum

A maioria das pessoas quando estão em depressão, sentem que tudo vai dar errado, que só acontecem coisas ruins com elas, e os pensamentos negativos ficam em evidência. A negatividade aflora e pode derrubar tudo. Usamos frequentemente, uma linguagem reativa, reclamamos, batemos de frente com as opiniões das outras pessoas, somos rígidos, cada vez mais negativos e acabamos por procrastinar as coisas ainda mais.

Ser Uma Pessoa Mais Positiva
Uma nova Mentalidade

Se você se mantêm obsessivo sobre coisas negativas, sua mente vai entrar em uma condição automática cada vez mais duradoura e você não terá o controle disso.

Mesmo que você considere a situação como ruim, de muito desânimo, é fundamental perceber o lado positivo existente.

O positivismo pode fazer parte de nossos pensamentos e, quando é seu foco, faz com que aborde a vida de forma positiva e dê seu devido valor.

Em minha vida busco obter os melhores resultados possiveis em tudo o que faço.

Onde estão meus pensamentos agora? Estão me dando suporte ou estão vindo como algo negativo, de forma automática em minha mente e me protegendo de uma maneira que eu não possa avançar na vida? É preciso sempre observar a respeito.

Cresci com um sentimento de que tudo era uma luta. Em um certo momento, percebi que estava segurando uma energia negativa em torno dos problemas e tudo começou a fazer sentido. Se eu pensar negativamente, não vou obter os resultados que desejo. Se eu enxergar de forma positiva, tudo pode mudar. E foi o que aconteceu, tudo mudou.

Nossa iniciativa depende da forma como enxergamos a nós mesmos, as situações, as pessoas e o mundo. É necessário ter a responsabilidade e a disposição de ver as coisas de uma maneira mais positiva. Consegui sair de uma situação muito ruim, exatamente ao perceber isso.

Suas ações condicionam sua mente muito mais do que sua condição de seus pensamentos recorrentes. Dessa, forma é mais interessante que você seja uma pessoa com pensamentos e ações positivas. Ao experimentar isso, você pode passar a sentir maravilhoso e extraordinário ao acordar todos os dias. Essa é a sensação que gostaríamos que você experimentasse, que é o que possibilitará você a viver uma vida diferenciada e de sucesso.

TENHA A
MENTALIDADE
DE SER UMA PESSOA
MAIS POSITIVA EM
QUALQUER SITUAÇÃO.

Sugestões para chegar ao alto desempenho

Use as frases abaixo para começar um pensamento positivo em si mesmo e nas pessoas. Termine as frases de acordo com suas experiências e fatos ocorridos. Não existe resposta certa ou errada, o objetivo aqui é fazer você pensar a respeito.

1. **As três coisas que me deixariam muito satisfeito e com uma energia positiva hoje, seriam:**

....

....

....

....

....

....

....

2. **Cite três coisas que poderia fazer para estar no meu melhor momento:**

....

....

....

....

....

....

....

....

3. Ao acontecer uma situação ou fato negativo, meu primeiro pensamento para reverter isso de uma forma mais positiva será:

....

....

....

....

....

....

....

....

....

....

....

....

Busque a Excelência
Uma Visão Comum

Muitas pessoas pensam em fazer sempre as mesmas coisas, do mesmo jeito. Acham que estão dando o seu melhor e cumprindo com o que precisa ser feito. Não julgam necessário aprimoramento e acham que estão bem onde estão. Ser excelente em algo é muito trabalhoso.

Às vezes é preciso deixar de fazer algumas coisas que estamos acostumados, para, então crescermos pessoalmente e profissionalmente. Essa é busca por uma nova mentalidade de excelência.

Busque a Excelência
Uma nova Mentalidade

Mudar o modo de pensar, e buscar a mentalidade da excelência fará toda a diferença.

Ser focado em fazer as coisas da melhor maneira possível, bem como fazer as coisas com paixão e ser a pessoa que vai fazer tudo da maneira correta, é ir além para se destacar e ver as mudanças acontecerem.

Sabemos quando as coisas dão errado, por isso o importante é sempre buscar fazer as coisas com excelência, ser a nossa melhor versão em tudo o que fizermos.

Converse com você mesmo todas as manhãs e pergunte-se: "Onde tenho que ser ótimo hoje, e por quê?"

Coloque energia positiva em suas manhãs. Prepare sua mente para entregar a você mesmo o que precisa fazer de melhor.

Fazer coisas que não nos levam ao sucesso, é fazer coisas equivocadas ao nosso próprio crescimento pessoal. Foque na excelência, dê o seu melhor todos os dias. Faça outras coisas certas e não só as coisas que está acostumado a fazer.

Quando pensei em suicídio, certa vez, era porque tinha a sensação de que ninguém me entendia.

Talvez eu tenha passado por momentos em que achei que não merecia nada mesmo. Outras vezes pensava, que não estava pronto para lidar com o próximo nível de dificuldade, porque já parecia muito difícil onde estava. Ao mesmo tempo eu tinha a intenção de ser excelente em algo. Decidi ter a clareza sobre quem eu realmente queria ser, novamente.

Pense agora em você. Quem você quer ser? Quer agir de modo comum ou tem o desejo de fazer as coisas com excelência? No atual momento de sua vida, como quer se sentir sobre você mesmo?

Hoje em dia é diferente do que a dez anos. Entretanto, muitas pessoas ainda seguem o modo de pensar antigo, de cinco, dez ou mesmo quinze anos atrás. Muitos ainda pensam em si mesmos como uma criança pequena ou um adolescente, que não recebeu a aceitação merecida. Ainda se enxergam como aquela pessoa, a quem ninguém nunca deu crédito pelo que era. Precisamos nos reidentificar, buscar a excelência.

As pessoas trocam os pneus dos seus carros com mais frequência do que mudam a forma como elas pensam sobre si mesmas, bem como o modo a buscar a excelência.

Como sua melhor versão de si mesmo pensaria quando você estivesse em frente ao espelho, todas as manhãs, se aprontando para ir ao trabalho.

TENHA A MENTALIDADE
DE BUSCAR A EXCELÊNCIA
EM TUDO O QUE FIZER.

Sugestões para chegar ao alto desempenho

Cite três coisas que você pode fazer ainda esta semana, para ser a sua melhor versão com:

SEUS FAMILIARES:

....

....

....

....

SEUS COLEGAS DE TRABALHO:

....

....

....

....

SUA CARREIRA:

....

....

....

....

Conectar-se com as pessoas certas
Uma Visão Comum

Muitas pessoas dizem que não conseguem fazer as coisas porque elas não possuem boas relações. O único jeito de ser próspero e atingir seus objetivos é ter amigos prósperos que pensam de maneira positiva, e são mais otimistas. Dessa forma, você chegará lá.

Por vezes achamos que estamos a frente, que sabemos mais que os demais por termos feito vários cursos e assumido posições de destaque no mercado. Entramos numa energia de superioridade, o que nos bloqueia para nos conectarmos com outras pessoas.

Conectar-se com as pessoas certas
Uma nova Mentalidade

Conectar-se com pessoas que ajudam você a seguir em frente e avançar, mesmo que você já tenha um bom conhecimento das coisas, fará a diferença em sua vida.

Comecei a seguir pessoas, em rede sociais, e me conectar com elas. Mesmo fora do país, por meio da internet, foram essas pessoas que me deram suporte e ajudaram a alavancar o meu negócio.

Baseado em histórias de sucesso, construí relações fortes com outras pessoas de várias comunidades, também pela internet. Pessoas que chegaram ao sucesso que desejaram, me ajudaram a perceber que eu seria capaz de também ter sucesso, mesmo eu não acreditando que isso seria possível. Tudo isso também contribuiu para o meu aprimoramento. Um dos aprendizados que tive foi sobre a sensação de amor em uma profunda conexão de relacionamento com as pessoas de minha vida, família e amigos. Isso fez toda a diferença e contribuiu para eu me sentir aceito, na sociedade de forma geral. Não basta ter essas pessoas em sua vida, é preciso sentir conexão com elas.

Você sente conexão com sua equipe, família, amigos?

TENHA A MENTALIDADE DE
SE CONECTAR COM AS PESSOAS
QUE PODEM ALAVANCAR
A SUA VIDA, QUE PODEM
SER SEU APOIO, QUE CONTRIBUAM
PARA O SEU SUCESSO.

Sugestões para chegar ao alto desempenho

Complete a tabela abaixo a respeito de conexões pessoais. Na primeira coluna, escreva o nome de uma pessoa; na segunda, o motivo pelo qual seria interessante se conectar com essa pessoa.

NOME DA PESSOA	MOTIVO DA CONEXÃO
Carlos	*Como ele é um expert em edição de vídeos, é interessante me conectar para ajudar com os meus vídeos de treinamentos on-line. A ideia de parceria agregaria muita coisa a ambos, pois posso oferecer meus serviços a ele também.*

INSIGHTS

Muitas pessoas vivem de desculpas para realizar o que querem, para ter ou não autoconfiança, alegando que nada vai dar certo ou que não são dignas de confiança das outras pessoas. É preciso entender e aceitar que isso são somente desculpas e apenas você mesmo é responsável por fazer sua vida acontecer de fato.

Passei por esse tipo de situação e poderia ter desistido, quebrado financeiramente ou me deixar abalar emocionalmente, sem fazer nada para mudar. Minha escolha foi fazer a diferença, apesar de qualquer coisa.

Existem inúmeros exemplos de pessoas em todo o mundo, todos os dias, que se superam. Isso independe de idade, classe social ou nível de experiência profissional ou pessoal.

Talvez não seja tão fácil, mas é importante aprender a dominar novas habilidades para ter novos hábitos, mesmo que leve algum tempo e que seja um trabalho árduo. Especialmente no início, a questão emocional com relação aos velhos hábitos ainda é muito forte: a tristeza, a derrota, o medo, as dúvidas. Apesar disso, temos que continuar na busca da alegria, da felicidade e do sucesso.

A decisão é sua. Fique preso em sua própria jaula ou construa a liberdade e realize seus sonhos, superando seus maiores desafios.

Não deixe que nada mais o engane daqui para frente, nem você mesmo. É hora de realizar mudanças em sua vida, aprimorar seu estado emocional e, por consequência, melhorar também suas finanças e carreira.

Então vamos lá!

FOCO NA SEMANA

Para "Ser Produtivo", temos que focar na semana.

Como ter ações, compromissos e tarefas que são necessárias para que nossas semanas sejam perfeitas, no sentido de estarmos cada vez mais próximos de conquistarmos o que desejamos nas diferentes áreas de nossas vidas?

A cada semana teremos a oportunidade de focar em ações específicas, que nos levam a **SER PRODUTIVO**, como:

1. *Cuidar de nossa saúde física e mental, para estarmos com mais energia e agilidade.*

2. *Ser mais presente com as pessoas que mais amamos, a fim de cultivarmos relacionamentos fortes e confiáveis.*

3. *Focar em sermos mais produtivos para cumprir nossos objetivos semanais.*

4. *Programarmos um tempo para nosso aprendizado.*

5. *Buscar inovação por meio do estímulo da criatividade e disposição para encontrar novas alternativas.*

6. *Proporcionar a você mesmo uma carreira de sucesso fazendo o que gosta.*

Pensar nesses tópicos descritos acima é estar no caminho certo. A partir de agora aprenderemos a organizar cada semana para que, realmente, possamos ser mais produtivos.

Cada semana é importante para que você se torne mais produtivo.

Siga passo a passo, isto é, pequenas atividades a cada semana. Por isso, leia a seguir o conteúdo de cada semana e tente realizar o que será proposto. Existem várias tarefas para serem feitas a cada semana. Programe-as em sua agenda para cumpri-las.

A ordem das tarefas colocadas a seguir em cada semana é importante. Daremos pequenos passos em direção a uma maior produtividade.

Sugiro então, fazer a leitura desse *booklet* referente a Semana 1 e incorporar as atividades propostas. Somente depois disso, faça a leitura da Semana 2 e incorpore as atividades propostas dessa semana, e assim por diante, mantendo todas as atividades para a semana seguinte. Crie esse hábito.

MODIFIQUE A SUA MENTALIDADE PARA COMEÇAR O DIA COM BOA SAÚDE E MUITA ENERGIA

Quando passei por algumas situações difíceis, tudo o que eu enxergava e sentia é que não havia como sair daquela situação. Ao pensar dessa maneira, ficava limitado em poder fazer algo a respeito. Era como uma prisão. Precisava que outros me apoiassem financeiramente, sem entender como sairia dessa prisão emocional.

Parecia uma sentença e que nunca ganharia mais dinheiro a menos que:

1. Trabalhasse em algo que não gostasse

2. Ganhasse na loteria

3. Recebesse uma herança de alguém da família

Ao enxergar dessa maneira a linguagem que eu utilizava era reativa, de que nada daria certo, e de que a vida havia sido muito dura comigo. Dessa forma, meu comportamento era de rigidez e negatividade com as pessoas. Vivia mal humorado a maior parte do tempo e só reclamava. O resultado era cada vez mais frustração, além de desânimo, tristeza, incapacidade e infelicidade.

Hoje tenho uma vida bem mais confortável tanto emocionalmente quanto financeiramente falando. Entretanto para que chegasse nisso foi necessário uma mudança de atitude e uma nova forma de pensar sobre a vida.

A primeira coisa que fiz foi cuidar da minha saúde, por meio de simples passos. Ao invés de ficar horas na cama sem querer ver ninguém, comendo a todo momento, decidi que queria sair daquela situação.

Percebi que era essencial cuidar de meu corpo e mente, e esse foi um dos hábitos que adquiri a fim de que pudesse realizar as mudanças que queria para a minha vida. Era necessário manter um corpo mais ágil, em movimento, além de ter uma mente mais saudável também apta a criar e inovar.

Dessa forma, criei blocos de tempo para cuidar da saúde. Esse foi o meio que encontrei para estabelecer uma rotina diária a fim de chegar a alta performance. O foco era realizar mudanças e, para isso, precisei ter muita disciplina, principalmente no início. Usei minha agenda como importante ferramenta. Anotei horários, em todos os dias da semana, como um compromisso para que eu pudesse cuidar e dar atenção a minha saúde. Escolhi todos os dias, ao acordar, realizar atividade física para despertar o corpo, o que fez toda a diferença em minha motivação.

DICAS PARA CUIDAR DA SAÚDE PELA MANHÃ
TODOS OS DIAS

Nesse bloco, sobre saúde, sugiro que você experimente seguir as dicas, abaixo durante os próximos sete dias:

1. Programe-se para dormir no mínimo 8 horas por dia. Se não for possível, pelo menos programe-se, para dormir 50 minutos a mais do que está acostumado. Anote em sua agenda o horário escolhido para dormir e, para acordar. Essa pequena atitude tem grande importância no processo como um todo. Programe os primeiros 90 minutos de seu dia para cuidar da sua saúde, antes de fazer qualquer outra coisa. Esse será o tempo para despertar o corpo e preparar a sua mente para começar o dia.

2. Ao acordar, procure beber de 250 a 300 ml de água. Caso prefira, pode adicionar alguns compostos funcionais nessa água como, por exemplo, algumas gotas de limão, que ajuda a higienizar o aparelho gastro intestinal. A acidez do limão estimula o fígado, mas você também pode utilizar maracujá. Depois de beber a água, coloque sua roupa de ginástica. Prepare-se para sair de casa e faça uma caminhada leve por 30 minutos. Em seguida, mais 20 minutos de exercícios simples de alongamento. Você pode adquirir um aplicativo de exercícios físicos e de alongamento, em seu celular, basta escolher um de sua preferência.

3. Depois do alongamento, aproveite os próximos 5 a 12 minutos para fazer uma reflexão, ou uma meditação. Mantenha-se sentado confortavelmente e de olhos fechados. Faça algumas respirações mais profundas e, ao fazer isso, pense em algo pelo qual você é grato. É fundamental iniciar o dia sentindo gratidão, por acordar, por ter onde morar, o que vestir, seja grato por estar vivo. Foque em sua respiração e procure manter-se calmo e tranquilo. Pense também em algo que você deseja muito realizar - no futuro. Visualize-se no futuro conquistando o que mais deseja. Faça isso todos os dias após sua caminhada e seus exercícios de alongamento.

4. Volte para casa e tome um banho normal seguido de uma ducha com água mais gelada com duração de um minuto. O banho frio é excelente para ativar o funcionamento da mente e alivia processos de depressão,. Experimente fazer isso todos os dias da semana.

5. Depois de se conectar com seu interior por meio da gratidão, depois do seu banho, esteja pronto para tomar o café da manhã. O desjejum é a refeição mais importante, porque o tipo de alimento escolhido determinará como seu metabolismo funcionará pelo resto do dia. Evite comer, por exemplo, carboidratos, opte por proteinas, como um ovo, uma pequena quantidade de castanhas, coma também uma fruta, se preferir.

Ao incluir esses simples passos em sua rotina diária sentirá seu corpo agir de outra maneira. Ficará mais disposto, se sentirá menos cansado e poderá focar a sua mente em coisas mais importantes, como em sua carreira, por exemplo.

Comece combatendo a tristeza, a desmotivação, e use a atividade física para isso. Cuide primeiro de você, a fim que possa ter sucesso em seus projetos, sinta mais motivação, além de ganhar dinheiro com isso.

Jamais escolha apertar o botão soneca do despertador para dormir por mais alguns minutos. Isso fará com que você envie uma mensagem ao cérebro de que não é integro ao cumprir seus objetivos, que pode postergá-los, além de ficar ainda mais cansado fisicamente. Programe-se para dormir mais cedo e acorde minutos antes do despertador tocar. Tenha a iniciativa de cuidar do corpo e da mente antes de qualquer coisa.

Antes de fazer a leitura das tarefas da próxima semana, coloque em prática os exercícios propostos que comentei acima. Faça isso todos os dias. Ao terminar a semana, escreva seus *insights* na página seguinte.

Anote abaixo os principais *insights* que obteve sobre a Semana 1 e o que você se comprometerá a fazer de diferente, ainda hoje para "Ser Produtivo" com sua saúde:

....

....

....

....

....

....

....

....

....

....

....

....

....

....

....

....

....

....

....

....

....

....

Criar uma visão clara
e saiba onde quer chegar

Muitas pessoas dizem que querem ganhar mais dinheiro, ter uma vida mais confortável, ou dizem que estão frustradas porque não têm o dinheiro suficiente, nem o trabalho que desejam ter. Vivem uma vida tida como normal, ou seja, levam a vida de acordo com as circunstâncias. Muitos nem sabem o que querem da vida. Para sabermos, bem como para sair da zona de conforto precisamos mudar nossos hábitos.

Um dos pontos que me ajudou a sair do comodismo, onde estava sem objetivos, foi definir qual seria a minha linha de chegada, saber onde eu queria chegar e quando. É preciso ter clareza do que queremos alcançar, a fim de termos mais chances de conseguir o que desejamos.

Sem essa clareza, você se permite ficar por muito tempo sem respostas,sem rumo, e com o tempo, a motivação diminui e pode acabar. Quantas vezes você se sentiu incapaz e acreditou que não conseguiria cumprir seus objetivos?

Muitas vezes, escolhemos a lamúria ao invés de buscar soluções para mudar e progredir. Essa escolha negativa se espalha facilmente em nossos relacionamentos, trabalhos, em nossa casa e ficamos a cada vez mais frustrados e desmotivados.

Dessa forma, a insatisfação e o estresse do desapontamento com a vida, afeta os entes queridos, colegas de trabalho e qualquer pessoa que se relacione conosco. Não retornamos as ligações, perdemos reuniões, deixamos de contribuir com as pessoas e com nossas ideias e, assim, nossa performance também fica a desejar.

Se isso parece familiar a você , vamos ver aqui nessa semana como é possível mudar essa situação.

É preciso saber onde se quer chegar. A maneira de como você pensa sobre o amanhã, decidirá o que você vai fazer para se conectar com a sua semana, bem como a forma de estar engajado para crescer em todos os sentidos. Como gerar algo significativo para a sua vida?

Geramos clareza em nossas vidas, fazendo perguntas específicas a nós mesmos, pesquisando, fazendo coisas novas, tendo novas experiências, criando novas oportunidades e sabendo o que é certo para nós. Se você não tem clareza das coisas, muito provavelmente, viverá mais emoções negativas do que as outras pessoas.

Você deve ser específico a respeito, por exemplo, do quanto deseja ter de dinheiro. É importante saber o que você quer ser na vida, o que você quer ter e até quando quer ter algo. Além disso, é preciso se preparar para conquistar o que deseja. Ao começar a mensurar isso, ficará muito mais claro qual a sua "visão de futuro". Saber onde quer chegar e saber trazer boas intenções para nossos próprios esforços, nos proporciona autoconfiança e nova energia para a vida.

Faça as seguintes perguntas: qual é o próximo capítulo que quero escrever em minha vida? Quais são as minhas metas?

Associe clareza com felicidade, assertividade, mais produtividade, e autoconfiança para fazer a grande diferença que deseja fazer em sua vida.

Visualize seu futuro, com clareza, todos os dias, sempre com foco de como quer ser. Não perca a ambição só porque algo o deixou triste, a vida é cheia de altos e baixos, tudo vai passar.

Aprendi que as emoções de ontem não podem ser levadas para o dia seguinte. Caso isso aconteça, busque algo que mude a energia a respeito: ouça um áudio com algo positivo, escute uma música, tenha a disciplina de fazer um exercício físico. Reconecte-se com sua ambição, todas as manhãs.

Sei que, às vezes, pode parecer muito difícil reconectar-se, mas ao sentir isso, pergunte a si mesmo: como posso responder a essa situação a partir de agora?

Decida hoje quem você deseja ser e como viverá daqui para frente, pois isso é questão de escolha. Aja hoje. É importante saber também quais conjuntos de habilidades precisaremos dominar, nossos próximos meses ou anos, para termos excelência em realizar nossos projetos futuros, bem como a conquista de nossos grandes sonhos.

Nos visualizarmos no futuro requer trabalho duro e grande esforço. É necessário que imaginemos sendo nossa melhor versão, e nem sempre estamos prontos para isso. Esse exercício requer que tenhamos novas habilidades, bem como pensarmos de maneira mais positiva e, novamente não estamos prontos para isso. O engajamento com relação a positividade deve ser real, ou seja, precisamos imaginar nossa melhor versão no futuro e, em paralelo, começar a ter boas ações no presente.

DICAS PARA CRIAR UMA VISÃO CLARA PARA NÓS MESMOS

Ter uma visão clara de quem você quer ser fará toda a diferença em sua vida. Pense em como você quer se sentir daqui a alguns anos. Esse sentimento será sua motivação. Crie essa visualização, imagine-se daqui a alguns anos, crie essa visão de futuro e oriente-se por ela. Para isso, siga os seguintes passos:

1. Faça uma leitura de si mesmo e avalie seu comportamento, de alguns meses ou anos atrás, com relação a sua família; sua equipe; ou com você mesmo. Dê uma nota para sua atuação em cada área de sua vida que decidir avaliar. (as notas variam de 01, preciso melhorar muito, a 10, estou muito bem).

- Família
- Carreira
- Trabalho
- Sua saúde
- Amigos
- Seu aprendizado
- Suas finanças

2. Pergunte-se: é assim que desejo ser no futuro? Como eu gostaria de ser, o que gostaria de sentir, como devo me comportar? Deveria me comportar de maneira diferente, em cada situação, em cada área?

3. Defina três palavras que o descreveriam de maneira inspiradora, e o levariam a fazer as coisas com excelência. Que palavras seriam essas, qual o motivo de serem significativas a você?

No meu caso, por exemplo, as três palavras são:

Respeitar: ter respeito e saber respeitar, em qualquer situação.

Contribuir: como ajudar outras pessoas.

Importar-se: comigo e com o outro. Usar de empatia e me colocar no lugar do próximo para imaginar como pensam, o que sentem e somente então, agir para contribuir de forma respeitosa.

Escreva abaixo suas três palavras da semana, que irão guiar as suas ações:

1 ....

2 ....

3 ....

É fundamental sabermos o que queremos ser no futuro, bem como a sensação que desejamos ao conseguir alcançar algo significativo.

Sem essa prática, não teremos nada para sonhar, o que nos deixa sem objetivo para realizar qualquer esforço. Com isso, não fazemos nada diferente e não conseguiremos impulso para motivações e realizações. Tudo perde a graça e se torna apenas mais um dia, uma semana, um mês, uma vida comum. Imagine um desenho em um papel, seria como viver uma linha de cada vez ao invés de viver o desenho como um todo, o seu sonho realizado.

É interessante que seu objetivo seja o de focar nas coisas que farão você avançar na vida. Quanto maior a clareza das coisas, mais ações consistentes e eficazes teremos.

As questões abaixo representam um convite à reflexão a respeito de como você pode ter mais clareza a respeito do que pretende para a sua vida e como pode agir para que isso se concretize.

1. **Quem eu quero ser? (que tipo de pessoa quero ser)**

2. **O que quero fazer na vida?**

3. **Porque quero isso e quais os benefícios que essa visão traria para a minha vida?**

4. **Quais as três palavras que me descreveriam como minha melhor versão?**

5. **Como quero tratar as pessoas com as quais me relaciono, na família, no trabalho, pela internet (com minha rede de contatos).**

6. Quais as novas habilidades que preciso adquirir para atingir meus objetivos?

7. Como posso adicionar valor, a cada semana, para as pessoas que estão próximas a mim ou pessoas com as quais eu me comunico e me importo?

8. Que coisas posso fazer com excelência para as pessoas?

9. Qual é o sentimento que quero ter, em cada semana, em minha vida e meus relacionamentos?

10. O que posso criar para trazer maior significado para a minha vida em cada semana?

Eu sei que é possível para você. Tenha a clareza absoluta dos seus próximos passos a cada semana.

Quais serão as três ações importantes a serem tomadas esta semana, que deixarão você mais perto de alcançar seus objetivos?

A cada semana, você deve se perguntar:

1. O que preciso aprender?

2. Com quem preciso me conectar?

3. Que habilidade preciso ainda dominar?

4. Que ações preciso tomar para corrigir algo?

5. Que medos que preciso superar?

Depois de responder, siga com uma **AÇÃO** diariamente para cada resposta encontrada.

Inclua na sua rotina diária um momento de olhar para a sua visão e responder as perguntas mencionadas acima. Anote as respostas em um caderno.

Tenha ações consistentes, defina ações dia após dia, manhã após manhã. Esteja preparado, organize suas tarefas e compromissos para obter uma vida mais significativa para você e para as pessoas ao seu redor.

Anote os principais *insights* que teve sobre a Semana 2 e o que você se compromete a fazer de diferente ainda hoje para Ser Produtivo.

Semana 3

O PODER DE REALIZAR SEUS SONHOS, ORGANIZANDO SUAS TAREFAS SEMANAIS.

Seus hábitos diários, bem como ter suas semanas organizadas e perfeitas, são muito importantes para todo seu sucesso na vida, em todas as áreas. A essa altura, espero que você já tenha incorporado, em seu dia a dia, as práticas da semana 1 deste *booklet*, além de também ter refletido sobre as dicas da semana 2. Veremos agora como colocar em prática ações para chegar mais perto dos seus sonhos, organizando suas tarefas dentro de cada semana.

Geralmente nossos sonhos envolvem muitos aspectos: nossa família; ter uma vida mais confortável; poder viajar; ter uma carreira brilhante ou um negócio próprio. Para realizar esses sonhos em cada área de sua vida, é preciso preparar suas tarefas semanais.

É necessário pensar a respeito de que ações você precisa realizar em cada semana para chegar mais perto de seus sonhos.

É muito importante que você realize seu planejamento semanal antes da semana começar. Procure um local onde não seja interrompido, e prepare-se para ser mais eficaz ao organizar suas tarefas e compromissos.

Esse planejamento semanal[5] é necessário para que você desenhe um caminho a ser seguido para conquistar o que deseja. Para começar, reflita a respeito do que mais deseja, como, por exemplo, qual seria seu maior sonho com relação à sua família. Um outro exemplo seria o de pensar em desenvolver um projeto para lançar um produto novo no mercado, ou escrever um livro. Você precisa ter algo definido para verificar as ações necessárias.

Escreva, seguindo o exemplo a seguir, qual o seu grande sonho. Anote também o que traria a você uma enorme satisfação ao realizar esse sonho.

Desejo...

- Ter uma casa na praia para que eu possa viajar todos os finais de semana e estar mais presente com minha familia, gerando momentos felizes com eles. (*exemplo 1*)
- Escrever um livro (*exemplo 2*)

O que eu quero sentir ao alcançar esse sonho?

- Ter uma vida tranquila e feliz, sentir que a felicidade reina em minha familia, colocar um sorriso no rosto dos meus filhos todo os dias. (*exemplo 1*)
- Passar o meu conhecimento para as pessoas por meio de meu livro e proporcionar a possibilidade de mudança na vida das pessoas. (*exemplo 2*)

....

....

....

....

....

....

....

....

....

....

Você pode ter algo que deseja muito para cada área de sua vida, como: família, carreira, desenvolvimento pessoal, finanças, algum hobbie seu.

Após definir e escrever seus sonhos, você deverá anotar em seu computador, *tablet* ou celular. Antes de iniciar o planejamento da semana, deverá ler em voz alta cada um deles. Se preferir, deixe anotado em uma folha de papel e fixe na porta de sua geladeira. O importante é entrar em contato com seus sonhos toda semana, a fim de obter clareza do que quer atingir.

Agora que você sabe quais são seus sonhos, pense em cada um deles e pergunte: o que posso fazer essa semana em relação a realização desse sonho? Marque uma ou duas ações em sua agenda, escolha o dia da semana e o horário em que fará essa atividade. Não importa o que aconteça durante a semana, essas são as atividades mais importantes e você não deve abrir mão de realiza-las.

Veja o exemplo a seguir:

Vamos supor que você tenha o sonho de escrever um livro até o final deste ano. Para isso, você identificou que precisa realizar seis passos importantes para que o livro esteja pronto e possa ser vendido:

1. Pesquisar sobre o tema e outros autores relacionados.

2. Escrever o conteúdo.

3. Editar o conteúdo.

4. Definir *layout* do livro.

5. Divulgar o livro.

6. Realizar o lançamento e vender.

Para cada um desses passos, existem várias ações que deverão ser tomadas a cada semana. Identifique quais serão essas ações e o tempo necessário para cada uma delas.

Veja o exemplo a seguir de como esses passos estão distribuídos nas semanas.

PROJETO: ESCREVER UM LIVRO	SEMANAS									
TAREFAS	1	2	3	4	5	6	7	8	9	10
1. Pesquisar sobre o tema e outros autores relacionados	X									
2. Escrever o conteúdo		X	X	X	X	X	X			
3. Fazer a correção ortográfica do conteúdo								X		
4. Definir o *layout* do conteúdo								X		
5. Divulgar o livro									X	
6. Realizar o lançamento e vender										X

	Notas:
Identifique todas as tarefas que deverão ser tomadas a cada semana, para seu projeto e anote-as na ordem que elas deverão acontecer. Cada tarefa tem uma identificação diferente. Você pode optar por colocar cada tarefa em cores diferentes.	
Identifique o tempo necessário para realizar cada uma delas e planeje quais realizará a cada semana.	
No final de cada semana faça uma avaliação e veja se algo precisa ser modificado, como: prazo, tarefas novas, contactar outras pessoas.	
Estabeleça o dia da semana e horário que executará cada tarefa.	
Essas tarefas devem ser suas prioridades. Elimine as distrações e foque em realizá-las, não importa o que aconteça.	

Para montar o conteúdo do livro, por exemplo, você identificou que serão necessários seis capítulos e colocou a meta de escrever um capítulo por semana, a partir da semana 2. Diante dessa informação, marque em sua agenda o dia e a hora em que você escreverá o capítulo 1 do livro. Defina um tempo para focar nessa atividade. Na semana seguinte, comece o capítulo 2, e assim por diante.

SEMANA 2

Horário	Segunda	Terça	Quarta	Quinta	Sexta	Sábado	Domingo
07:00							
08:00						terminar capítulo 1 do livro	
09:00	escrever capítulo 1 do livro						
10:00							
11:00							
12:00							
13:00							
14:00			continuação capítulo 1 do livro				
15:00							

Caso tenha tempo na mesma semana, ou na semana seguinte, foque em outra tarefa, escolhendo outro dia da semana e horário para fazer a tarefa determinada. Isso vai depender da sua disponibilidade. Assim que terminar de escrever os seis capítulos, escolha outra tarefa para trabalhar referente ao projeto do seu livro, e assim por diante, ou veja se é possível fazer duas tarefas diferentes na mesma semana. Não deixe de anotar em sua agenda. Veja o mesmo exemplo a seguir:

SEMANA 3

Horário	Segunda	Terça	Quarta	Quinta	Sexta	Sábado	Domingo
07:00							
08:00							
09:00	escrever capítulo 2 do livro	fazer a correção ortográfica		fazer a correção ortográfica		terminar capítulo 2 do livro	
10:00							
11:00							
12:00							
13:00			continuação capítulo 2 do livro				
14:00							
15:00							

Lembre-se de que essas tarefas são seus compromissos e serão, portanto, suas prioridades na semana. Em outros dias da semana, agende tarefas para as outras áreas de sua vida.

Crie um bloco de tempo reservado para o seu próprio aprendizado, faça a leitura de um livro, por exemplo. Crie outro bloco de tempo para a familia, pode ser a participação de um almoço especial. Veja o exemplo a seguir:

SEMANA 3

Horário	Segunda	Terça	Quarta	Quinta	Sexta	Sábado	Domingo
07:00							
08:00						terminar capitulo 2 do livro	
09:00	escrever capitulo 2 do livro	fazer a correção ortográfica do livro	ouvir podcast sobre liderança	fazer a correção ortográfica do livro		terminar capitulo 2 do livro	
10:00	escrever capitulo 2 do livro	fazer a correção ortográfica do livro	ouvir podcast sobre liderança	fazer a correção ortográfica do livro		terminar capitulo 2 do livro	
11:00							
12:00					ouvir podcast sobre liderança		almoço especial com a familia
13:00							
14:00			continuação capitulo 2 do livro				
15:00							

Você pode planejar as tarefas de sua semana com base em seus papéis. Escreva uma única tarefa na semana para cada um deles, como o exemplo a seguir:

Meus principais papéis	Sonhos	Atividades esta semana
Facilitador	Agradar os participantes do cursos que ministro e ser indicado para trabalhos futuros	Estudar o conteúdo do curso a ser ministrado para entregar com excelência
Pai	Ajudar no desenvolvimento e formação dos meus filhos	Identificar as necessidades dos meus filhos e ter uma conversa sobre o futuro deles
Filho	Manter um bom relacionamento com meus pais	Agendar um jantar seguido de uma sessão de cinema
Irmão	Ser reconhecido com um bom exemplo	Fazer uma surpresa almoçando juntos
Voluntário	Ajudar e fazer as pessoas mais carentes sorrirem	Participar de um multirão da comida
Escritor	Escrever um *best seller* que inspira pessoas a serem melhores	Escrever um capítulo do livro
Eu mesmo	Manter minha saúde em dia e fazer o que eu gosto todas as semanas	Agendar os exames preventivos

Em resumo, identifique seus papéis, saiba o que você quer atingir em cada um deles este ano. Identifique uma tarefa a cada semana, para cada papel. Anote em sua agenda o dia e horário para essas tarefas.

Na semana seguinte, mantenha os mesmos papéis e sonhos, identifique novas tarefas que devem ser realizadas. É importante deixar alguns horários livres em sua agenda para que você possa realizar as tarefas mais simples do dia, aquelas que está acostumado a realizar, como, por exemplo, ir ao supermercado, lavar roupa, levar o carro ao mecânico, participar de uma reunião da escola dos filhos, etc.

É muito importante que você pense em seus compromissos da semana e execute, a cada semana, uma tarefa importante para cada papel ou para cada projeto. Seja fiel e disciplinado ao executar essas tarefas.

Ao final de cada dia, faça uma revisão. Reflita a respeito do que deu certo e o que poderia melhorar.

Seria bom também pensar nas coisas que podem distrair você e impedir ou protelar as coisas importantes a serem feitas. Para isso, vamos ao segundo passo do planejamento semanal: fazer uma lista das possíveis distrações.

Distrações	Ações para não se distrair
Celular	Nos horários determinados dos meus compromissos deixarei o celular desligado. Não atenderei as ligações ou responderei as mensagens recebidas nesses horários.
Excesso de midias sociais	Colocar um alarme no celular para ficar no máximo 15 minutos vendo as postagens nas midias sociais.
Atender solicitações não importantes de outras pessoas	Agendar um outro horário na semana para atender as pessoas, ou delegar as solicitações para uma outra pessoa.
Verificar os emails	Verificar os emails somente após o almoço em horário determinado. Criar regras para os *e-mails* para facilitar a resposta a cada um deles.
Ver televisão	Tirar a televisão da tomada e estabelecer dias e horários na semana em que assistirei TV. Guardar o controle remoto em cima do armário para dificultar o acesso.

Regras ou gatilhos mentais para que você possa cumprir com as atividades do seu planejamento semanal.

Muitas vezes, nosso planejamento pode furar por coisas que podem acontecer de última hora, coisas urgentes que não esperávamos que pudesse acontecer e que também são importantes e precisam de atenção imediata. Nesse caso, alguns ajustes devem ser feitos, mas você precisa ser fiel às suas escolhas e, para isso, precisamos criar alguns gatilhos mentais.

Pode ser que você acorde um dia, no meio da semana, muito cansado para escrever um capítulo de seu livro, ou ainda que você resolva dormir um pouco mais do que está acostumado, o que postergará aquele compromisso importante.

Para esses casos, seguem algumas dicas a partir de exemplos:

1. Deixo o celular longe da minha cama, assim, quando o alarme despertar logo de manhã, precisarei levantar da cama e não aperto o botão soneca, uma vez que já estarei acordado. Dou alguns pulinhos leves e chacoalho o corpo, abro a janela para entrar a claridade, a fim de despertar com mais facilidade. Utilizo o Slogan da Coragem e da Mudança. (*uma ferramenta que está como bônus para você no final deste booklet*).

2. Toda vez que percebo que faço algo que não tem nada a ver com meus objetivos da semana, medito por três minutos e

foco minha atenção em minha respiração, elevando meus pensamentos para que realize algo mais produtivo. Por três minutos, repito, mentalmente, a palavra FOCO e penso o que farei a seguir para cumprir com meus compromissos da semana.

3. Sempre que sinto preguiça em realizar minha caminhada matinal, em especial quando está favorável para caminhar ao ar livre, penso na satisfação e nos benefícios que terei ao concluir essa atividade. Dessa forma, a probabilidade de realizar a caminhada é maior, além de trazer emoção ao pensar na satisfação de concluir as atividades propostas. Isso porque estarei cumprindo com meus compromissos já programados. Concentre-se no sentimento que você deseja sentir após determinada atividade ter sido realizada. Isso é ter um objetivo em mente.

4. Comprometa-se em fazer algo na companhia de outra pessoa, a fim de receber suporte. Se você se comprometer a enviar para uma outra pessoa aquela parte do livro que escreveu, naquele mesmo dia, as chances disso acontecer serão grandes devido ao compromisso assumido. Um outro exemplo é fazer uma caminhada na presença de outra pessoa, pois você assumirá um compromisso de realizar a atividade e será diferente de se comprometer apenas com você mesmo.

Quais são as regras e os gatilhos que você pode criar e se comprometer a fazer para que possa concluir as atividades propostas na semana?

Concentre-se nas atividades a serem realizadas em cada semana, importantes para alcançar seus sonhos. Antes de ir para a cama, reflita sobre como foi seu dia e que ajustes precisam ser feitos para que seus sonhos se concretizem.

Na maioria das vezes, perdemos o foco de nossos grandes objetivos futuros quando estamos presos aos estresses da vida. Terminamos o dia tão exaustos, que nos deitamos sem pensar no que somos capazes de criar para o próximo dia ou para a nossa vida.

Por esse motivo é tão importante focar em uma ação pela manhã que aproximará você de seus objetivos. Isso torna suas ações conscientes e não permitem que você fique no piloto automático, fazendo coisas que não estão alinhadas com seus sonhos. É preciso esforço diário para isso. Além disso, também é muito importante fazer pequenas pausas durante o dia, entre uma atividade e outra. Levantar, beber água, ir ao banheiro, se espreguiçar, mexer o corpo, são pequenas ações que nos renovam. Nossa mente precisa de uma pausa para restaurar os neurônios e aumentar a atenção. A cada 50 minutos, é recomendado fazer uma pausa de 2 a 5 minutos. Isso ajudará você a ficar mentalmente mais alerta e energizado. Lembre-se de que não faz parte das pausas checar *e-mails*, mídias sociais, ou mandar mensagens. Faça algo para recarregar a energia do corpo e da mente.

Outra dica interessante é criar hábitos noturnos de reflexão a respeito de sua visão de futuro e decidir que ação que você tomará no dia seguinte, pela manhã, para chegar mais perto de seus objetivos.

Devemos dar tempo ao nosso corpo e nossa mente para relaxar e sonhar. Se não permitimos esse espaço, sempre estaremos cheios de desordem. Coloque seu celular em outro cômodo e desligue a luz, durma tranquilo. Desligue qualquer aparelho eletrônico uma hora antes de deitar. Com pequenas atitudes diárias, o próximo dia pode ser muito melhor. Seja sua melhor versão e cumpra com seu planejamento semanal.

Se você começar a procrastinar as atividades anotadas em sua agenda, é preciso perceber se você possui dificuldade em se motivar. Quando isso acontece, normalmente, você não está trabalhando, ou lidando, com coisas que realmente importam para você. Em alguns casos, procrastinamos porque temos medo de falhar, ou trabalhamos em coisas que não nos engajam e que não são importantes para nós. Precisamos encontrar o que realmente importa. Se você amar seu trabalho, se gostar de contribuir com algo para as pessoas, se amar o que está criando, tenho certeza que diminuirá a procrastinação.

Quais são as coisas que você precisa parar de fazer para conseguir focar no que realmente importa?

Da mesma forma como não é possível conversar com várias pessoas ao mesmo tempo em uma mesa de jantar, não podemos gerenciar ou manusear vários projetos ao mesmo tempo, com a mesma atenção e prioridade. Realizar várias tarefas de uma só vez pode ser exaustivo e nos destruir lentamente.

É preciso ter cuidado com as multitarefas, pois não consegui-remos executá-las com excelência ao fazer tudo ao mesmo tempo. Dê um passo de cada vez, cada coisa no seu tempo. O fato de tentar realizar várias coisas ao mesmo tempo não me leva a fazer essas coisas com qualidade, o que faz com que eu perca o controle várias vezes. É até possível atingimos pequenos objetivos, mas não os grandes e mais significativos.

Outra maneira de realizar seus sonhos é pensar no passo a passo. Cada atividade que você terminar e cada passo avançado, permitem que você se sinta renovado e motivado a continuar.

Pense agora em um de seus sonhos e responda: quais são os principais passos que você se vê fazendo, essa semana, para que esse sonho se realize? Escolha de três a cinco passos para cumprir um projeto seu e realizar esse sonho. Tenha a clareza desses passos e anote-os em sua agenda. Identifique-os em blocos específicos. Pense no prazo de um ano, por exemplo. Se eu quiser ganhar mais dinheiro para poder obter uma nova casa ou um carro novo, quais serão os projetos que terei que investir durante o ano? Posso criar um projeto por trimestre, talvez. Concentre-se nos principais passos semanais desses projetos específicos e vá em frente.

Se você definir esses passos mais importantes, mas não souber o que fazer a respeito, acredite em seu potencial e em sua habilidade de buscar as informações necessárias para fazer esses passos acontecerem.

Foque em seu sonho, enfrente seus medos, identifique esses passos ou projetos mais importantes e se esforce para que virem realidade. Descubra a melhor maneira e faça acontecer, não importa como. Crie um cronograma de ações para que saiba o que fazer a cada trimestre, a cada mês, a cada semana. Coloque prazos e se aprofunde em cada atividade, foque na semana.

Qual seria a sua mais ousada ação, se você não tivesse medo de fazer as coisas?

Planeje, estude, pesquise, monte um novo negócio, crie um novo produto e depois coloque para rodar. Precisamos ser mais ousados, perseguir as coisas que são mais certas e importantes para nós.

Anote os principais *insights* que teve sobre a Semana 3 e o que você se compromete a fazer de diferente ainda hoje para Ser Produtivo.

....
....
....
....
....
....
....
....
....
....
....
....
....
....
....
....
....
....
....
....
....
....
....
....

PAUSAS PARA RECARREGAR A MENTE E O CORPO: DORMIR, FAZER MEDITAÇÕES DURANTE O DIA E A NOITE.

Se seu corpo se sente cansado ou enrijecido, sua mente também ficará e, em breve, você sentirá desânimo e ficará sem vontade de fazer o que programou.

O corpo e o cérebro não podem funcionar em altos níveis de energia elevados, sem que você durma o suficiente. Por isso, é importante ter o seu descanso e fazer pausas durante o dia para renovar a sua energia.

Cuidar do corpo físico é tão importante quanto cuidar de saúde mental, em especial quando se trata de alcançar seus objetivos da semana e sonhos.

É comum, hoje em dia, as pessoas se sentirem exaustas e improdutivas por não cuidarem da energia do seu corpo.

Para ser produtivo e ter uma semana perfeita é necessário que você se prepare para isso. Cuide da qualidade de seu sono[5].

Somos todos diferentes, então certifique-se de dormir o suficiente, comece dormindo cinquenta minutos a mais do que está acostumado a dormir.

O sono ajuda a ter mais energia, a fim de que você se torne mais produtivo e engajado. Dentre outras consequências, isso permite que você tenha a possibilidade de ganhar mais dinheiro para realizar seus sonhos.

Então, de forma mais detalhada e prática, quais são os bons hábitos do sono? Você pode experimentar quando quiser, tomando decisões conscientes!

Para começar, evite trabalhar até tarde, navegar na internet ou assistir televisão. Decida a hora em que você começará a se preparar para dormir, todas as noites. Você pode até programar um alarme, em seu celular, para lembrar a respeito. Estabeleça uma rotina para que tenha tempo suficiente para sair do seu dia, com calma, e dormir. Evite adormecer fora de sua cama, como, por exemplo, no sofá da sala.

Organize sua rotina da noite. Por exemplo, geralmente, me afasto das telas uma hora antes de dormir: desligo a televisão, não uso mais o computador, não respondo *e-mails*, evito utilizar o celular ou *tablet*. Com as telas acesas, seus olhos recebem muita luz e seu cérebro não reconhece como sendo a hora de dormir, pois entende que ainda é dia. Também é interessante evitar bebidas alcoólicas ou tomar café tarde da noite. Esses cuidados precisam ser constantes, a fim de que você sempre tenha uma boa performance ao longo do dia. Todas as noites, antes e dormir, reviso como foi meu dia. Se algo não aconteceu como eu gostaria, ou ainda a resolução de determinada situação ainda me preocupa, escrevo em um bloco de anotações.

Dessa forma, tiro o pensamento de minha mente, transfiro para o papel e consigo dormir com tranquilidade.

Quando estamos cansados, a coisa mais lógica a fazer é dormir. Entretanto, é preciso analisar como está a qualidade de seu sono. Temos a tendência de fazermos cada vez mais atividades e o sono é a primeira coisa que muitas vezes optamos por sacrificar. Quando diminuimos as horas de sono, também diminuímos as nossas capacidades e isso afeta de forma negativa nossa saúde e produtividade. Um sono inadequado[7] afeta também nossa pressão sanguínea, temos mais chances de sofrer um ataque cardíaco, além de contribuir com problemas como ansiedade e depressão.

Além disso, o sono melhora a nossa memória, permite que pensemos melhor. Se você não costuma dormir no mínimo oito horas por dia, torne isso possível.

Outro aspecto a respeito do estresse é que esse é, provavelmente, o maior ladrão de nossa energia mental, que pode matar células nos centros de memória do cérebro, além de contribuir com o aumento de mais gordura na região da cintura. Piora o nosso humor, aumenta as chances de depressão e tenciona os músculos do corpo.

Evite ao máximo ir dormir estressado. Quantas vezes você já foi tentar dormir e estava com pensamentos negativos? Esses pensamentos podem arruinar o seu dia seguinte, bem como sua semana. Portanto, todas as vezes em que você se sentir estressado, nervoso, preocupado com algo, antes de dormir, anote tudo em um bloco de notas e pergunte a si mesmo se esses pensamentos são verdadeiros. Ao realizar essa atividade, você tranquiliza sua mente.

Em seguida, sugiro que você pratique uma meditação, de cinco a dez minutos, focando a mente em sua respiração, a fim de acalmar o corpo. Você pode inspirar lentamente e esperar de dois a três segundos para expirar. Depois expire, contando mentalmente de um a cinco segundos. Faça isso de cinco a dez vezes. Você se sentirá mais tranquilo e isso ajudará a ter melhor qualidade do sono. Se preferir, coloque também uma música calma, em volume baixo.

Outra coisa que você pode fazer é escrever, de três a quatro coisas, que fariam você se sentir bem no dia seguinte. Feche os olhos e pense nessas coisas que agradam. Repita essa lista, mentalmente, algumas vezes. Crie uma imagem, nesse momento, de você fazendo algo que faça com que sinta bem consigo mesmo. Reflita a respeito. Imagine esse momento de felicidade, contentamento, agradecimento ou apreciação da vida. Crie uma conexão emocional, pratique a gratidão. Aproveite o momento antes de dormir para cultivar emoções positivas para o dia seguinte, o que proporcionará uma noite mais tranquila.

Minhas noites de sono eram terríveis, acordava toda hora, me mexia muito na cama, muitos pensamentos perduravam em minha mente. Após adotar essas práticas, minha qualidade de sono mudou e hoje acordo totalmente renovado, pronto para ganhar o dia. Geralmente, ao acordar, falo comigo mesmo: " Deus permitiu que você acordasse hoje para poder ganhar o seu dia". Dessa forma, já trago alegria e a positividade para o dia. Transformo minhas atividades em ações mais significativas.

Além de todas essas dicas, deixe também o ambiente escuro e em uma temperatura mais agradável, evite ambientes frios. Se, por acaso, acordar durante a noite, não verifique nada no seu celular.

Ninguém quer se sentir sonolento ou lento durante o dia, muito menos afogado em pensamentos e emoções negativas. Você precisa cuidar de sua energia, a noite e durante o dia. Ter esses momentos é importante para se recarregar, trazer mais motivação e entusiasmo para o seu dia e sua semana.

Muitas pessoas perdem o foco, pois não conseguem se recarregar durante o dia. Começam o dia bem, mas depois ficam desanimados, desmotivados e cansados. Para modificar isso, comece o dia ativando corpo e a mente, vimos isso na semana 1 desse *booklet*. Durante o dia, você precisa manter seu nível de energia ativo.

É muito comum as pessoas, ao chegarem para trabalhar em seus empregos, a primeira coisa que fazem nos primeiros minutos, é checar os *e-mails*. Quando terminam uma reunião, ou acabam de ler um contrato, ou mesmo ao chegar do almoço, a primeira coisa que fazem é checar as mensagens no celular. Você vai de uma atividade produtiva para o modo celular, ou modo *e-mail*. Escolhemos fazer isso várias vezes ao dia. Sugiro que aproveite esses momentos deixando de acessar o celular várias vezes ao dia, para recarregar o corpo, restaurar e amplificar a sua energia durante o dia.

Quantas vezes você saiu de uma reunião tensa?

Quantas vezes houve estresse ao ler um e-mail de um colega de trabalho ou cliente?

Quantas vezes você se conectou com uma energia negativa por causa de uma situação inesperada?

Precisamos mudar a maneira como lidamos com essas situações do dia a dia, a fim de revitalizar nossos dias.

Tente isso:

- Ao sair de uma reunião, antes de voltar para sua mesa e checar seus *e-mails*, procure um local tranquilo. Feche os olhos por dois minutos e preste atenção em sua respiração. Faça dez respirações profundas e pense em algo que traga felicidade e alegria. Se preferir, repita mentalmente, uma palavra que traga calma. Repita essa palavra por dois minutos e tente não pensar em mais nada. Se vier um pensamento, deixe-o ir e foque em sua respiração, volte a mentalizar essa palavra.

- Ao terminar de ler um contrato, ou ficar muito tempo sentado, levante e caminhe um pouco. Espreguice-se, beba um pouco de água, chacoalhe o corpo, dê uns pulinhos, abrace um joelho e depois o outro, abrace alguém, faça movimentos simples que ajudam a dar agilidade ao corpo.

- Para mudar de uma atividade para outra, como, por exemplo, terminar de responder mensagens no celular e atender um cliente ou participar de uma reunião, sugiro o seguinte exercício: pense em uma palavra que defina como você gostaria de se sentir ao iniciar a próxima atividade. Repita essa palavra ou frase curta, mentalmente, cinco vezes. Seria como uma palavra ou frase de positividade que você fala para você mesmo toda a vez que for começar uma nova atividade. Por exemplo: ao chegar em casa depois de um dia de trabalho tenso, antes de entrar em casa, repito algumas vezes: ESTEJA MAIS ALEGRE E PRESENTE, só assim abro a porta e entro em casa. Minha energia muda radicalmente e deixo as coisas do trabalho fora de casa. Dessa forma, posso criar um ambiente alegre e estar mais presente com a minha família. Ao invés de sentar para assistir televisão, repito novamente: ESTEJA MAIS ALEGRE E PRESENTE, pode ter certeza que o passo seguinte será desligar a televisão e conversar com meus filhos a respeito de como foi o dia deles e o meu.

Crie suas próprias ações e frases para reernergizar o corpo durante o dia. Tenha boas intenções ao iniciar uma nova atividade. Prepare-se e pense como você pode ter momentos mais positivos em suas semanas.

Você não pode ganhar dinheiro, alavancar sua carreira, aprender algo novo, se estiver cansado o tempo todo. Não tem como ser pro-dutivo, se seu corpo e sua mente não estiverem preparados para iniciar o dia, então incorpore suas melhores práticas. Pense que nova rotina diária e noturna que você precisa ter nos próximos dias e se permita experimentar.

Mostre, a cada dia, uma atitude positiva em tudo o que fizer. Preste atenção na energia que você leva para cada ambiente e faça seu melhor. Seja sua melhor versão.

Anote os principais *insights* que teve sobre a Semana 4 e o que você se compromete a fazer de diferente ainda hoje para Ser Produtivo.

....

....

....

....

....

....

....

....

....

....

....

....

....

....

....

....

....

....

....

....

....

....

....

....

A HORA DE APRENDER COISAS NOVAS

Quando eu era garoto, detestava acordar cedo, e isso foi até a época de faculdade. Era uma luta sair da cama todos os dias.

Entretanto, percebia que todas as vezes em que me programava para acordar mais cedo, sempre me sentia mais preparado e pronto para aquele dia!

Hoje ainda amo o meu sono, mas tem sido mais fácil acordar cedo. É preciso ser congruente. Ter coerência entre suas ações e seu discurso. Se você definiu acordar em determinada hora, acorde no horário, isso é ser congruente. Tenha disciplina todas as manhãs e faça a coisa certa.

Quando muitas pessoas ainda estão acordando, já fiz caminhada e alongamento para despertar o corpo, bem como minha meditação matinal. Dormir mais cedo e acordar mais cedo é um hábito interessante de ser cultivado.

Se você acordar tarde, talvez não tenha muita energia para cuidar de si mesmo, pela manhã. Existe a tendência de ficar mais estressado e reativo ao longo do dia, bem como pular de tarefa em tarefa, a fim de tentar recuperar o atraso.

Alem disso, também é interessante reservar um tempo todos os dias para aprender algo novo, adquirir novas habilidades e conhecimentos. Reflita a respeito do que você quer mudar e comece, hoje mesmo, aprimorar seu aprendizado.

A chave para uma rotina para ser produtivo ser bem sucedida está em se levantar, pelo menos duas horas, antes de começar seu trabalho do dia ou de focar em suas responsabilidades. Isso definirá o resto do seu dia, a fim de obter resultados incríveis em suas ações.

Caso você não seja uma pessoa que gosta de acordar cedo, assim como eu era quando mais jovem, comece a agendar seu relógio para despertar um pouco mais cedo a cada dia. Acorde quinze minutos mais cedo por dia. Na semana seguinte incorpore mais quinze minutos. Continue acordando mais cedo, de forma progressiva, a cada semana, até que consiga acordar duas horas mais cedo tranquilamente.

Gosto de acordar entre cinco e meia e seis da manhã, visto que, normalmente, minhas responsabilidades começam às nove horas. Sinto que hábitos como esse, prepararam corpo e mente para que eu consiga criar novos cursos, bem como novas formas de atrair mais pessoas, a fim de ajudá-las. Dessa forma, me sinto bem e posso criar cada vez melhores resultados para minha vida.

Faça o que for necessário para incorporar novos e mais saudáveis hábitos, como esse de acordar mais cedo. Além disso, também descobri que meu negócio teve um novo rumo quando decidi aprender algo novo em minhas manhãs. Reservo um tempo, todas as manhãs, para ler um livro, ou um artigo, relacionado ao meu desenvolvimento, minha saúde, carreira, ou mesmo para aprender uma receita nova para cozinhar para a família no final de semana ou na casa de algum amigo.

Sempre me pergunto o que é preciso para determinada atividade que desejo realizar, com foco na forma como posso crescer, aprender e liderar os outros sendo um bom modelo e entregando um trabalho com excelência.

Gravar um vídeo e me comunicar com as pessoas pela internet, por exemplo, não eram os meus pontos fortes. Entretanto, me dei conta de que o mercado exige isso no momento e me propus a desenvolver habilidades de me comunicar melhor, bem como aprender a gravar vídeos. Eu não tinha nenhuma habilidade para isso, nenhuma segurança, era muito tímido e achava que as pessoas não assistiriam. Identifiquei as principais habilidades necessárias para o meu negócio e dei prioridade em aprender a respeito, mesmo não gostando daquilo ou achando que não era suficientemente bom para realizar aquilo.

Eu também não sabia como construir um site ou vender um produto pela internet. Detestava mexer com isso, mas senti a necessidade de me desenvolver e aprender. Precisamos nos dispor a desenvolver nossas habilidades e aprender todos os dias. Analise o que é requerido, quais habilidades você precisa aprimorar, adquira novos conhecimentos, pratique, treine, descubra como pode fazer cada vez melhor para poder servir melhor.

Ao buscar desenvolver minhas habilidades para gravar vídeos, por exemplo, aprendi como falar para a câmera e treinei muito isso. Utilizei meu bloco de tempo do aprendizado, de todas as manhãs, para melhorar minha aparência e a maneira de falar. O aprimoramento sempre vem com a prática. Passei a gravar um vídeo por dia, sobre qualquer assunto, com o objetivo de estar mais familiarizado com a câmera, bem como aperfeiçoar postura, tom de voz e gestos. Ainda faço isso, pois sei que preciso melhorar a cada dia.

Para ajudar em sua busca de novos aprendizados reflita sobre as questões abaixo:

1. Quais são as habilidades e o conhecimento que eu preciso adquirir para atingir meus sonhos?

....

....

....

....

....

2. Quais os talentos que eu tenho tentado demonstrar e que preciso desenvolver hoje?

....

....

....

....

....

Você precisa ter um bloco de tempo para cuidar do seu aprendizado, fazer uma pesquisa, por exemplo. Se não fizer isso, fica complicado de conseguir inovar ou progredir no alto nível de performance que você possa ter.

Muitas pessoas focam em ler e acompanhar histórias de outras pessoas, ao invés de criarem suas próprias histórias de sucesso. Você é livre para ler o que quiser e quando quiser, mas se deseja ser produtivo, seria interessante aproveitar o tempo para ler algo para seu crescimento, algo que acrescente para a sua vida.

A razão pela qual eu cresci muito rápido é porque pesquisei e estudei assuntos que interessavam para o meu próprio crescimento pessoal e meu próprio negócio. As pessoas me perguntam muito como consegui atingir muitas pessoas e como criei minha própria marca. Estudei e me dediquei muito e ainda faço isso, eu nunca parei. É preciso ter uma visão global e implementar as melhores práticas baseadas em estudos e pesquisas, de cases de sucesso, afim de sermos mais eficientes em relação as práticas que mais importam.

Reserve em sua agenda, um bloco de tempo para pesquisar assuntos relevantes para o seu negócio ou profissão, que são necessários, a fim de melhorar suas habilidades. Como você pode trabalhar melhor, ou estar melhor a cada semana? Reserve um tempo todos os dias da semana para focar em seu aprendizado, aprender novas habilidades, adquirir e praticar novos hábitos.

Anote os principais *insights* que teve sobre a Semana 5 e o que você se compromete a fazer de diferente ainda hoje para Ser Produtivo.

....

....

....

....

....

....

....

....

....

....

....

....

....

....

....

....

....

....

....

....

....

....

....

....

Semana 6

Os Hábitos da Produtividade

Antes de mergulhar no que faço todas as semanas e definir o que fazer para ter sucesso financeiro, bem como colocar meus projetos em andamento, a fim de atingir meus sonhos, aprendi a ter os hábitos diários de produtividade.

Abaixo compartilho alguns hábitos de pessoas bem-sucedidas em seus negócios. Sugiro que escolha alguns e experimente praticar:

1. Possuem hábito de leitura constante - Ler, todos os dias, deve ser um compromisso. Prefira ler sobre algum assunto que contribua para aprender sobre algo que esteja relacionado com seu desenvolvimento pessoal, a fim de melhorar sua carreira, seus relacionamentos, algo que você possa compartilhar também com outras pessoas. Programe-se para ler diariamente, de vinte a trinta minutos, ou um capítulo por dia. Faça suas anotações a respeito do que aprendeu com o livro, sublinhe as frases que mais chamarem sua atenção. Compartilhe com outra pessoa o que aprendeu e coloque os aprendizados em prática.

2. Fazem exercícios físicos intensos e se divertem - Vimos nos capítulos anteriores que é imprescindível fazer atividade física para despertar o corpo e a mente. Para manter a energia elevada durante o dia, a sugestão é: levantar, espreguiçar, fazer alongamentos algumas vezes, durante o dia. Entretanto, alguns dias da semana, é interessante também realizar exercícios mais intensos. O ideal seria de, três a quatro vezes na semana, praticar exercícios de musculação para tonificar a musculatura e contribuir para a queima de calorias. Você também pode optar por praticar um esporte mais intenso, como, por exemplo, jogos de quadra, natação, aulas de yoga. Opte por algo que você goste e que se comprometa a fazer no mínimo três vezes por semana.

3. Passam tempo na companhia de outras pessoas bem-sucedidas - Estar com pessoas que nos dão suporte para nossos negócios, ou mesmo estar com pessoas com quem possamos aprender algo, também é muito importante para a produtividade. Converse com pessoas que estão interessadas e podem ajudar em seu desenvolvimento. Entreviste pessoas que deixaram sua marca na vida de outras pessoas e no mundo. Compreenda como elas pensam, o que fizeram e como tiveram sucesso. Você pode fazer parte de um mesmo grupo de pessoas nas mídias sociais, seus amigos de infância, adolescência, amigos da faculdade, mas tenha também um grupo de pessoas que ajudam a alavancar a sua carreira, com quem você possa aprender. Faça parte de comunidades das pessoas que buscam algo que você também busca.

4. **Possuem objetivos e persistência** - Para sermos mais produtivos é muito importante saber quais são nossos objetivos. Por isso, escreva um objetivo para cada área da sua vida: carreira; saúde; finanças; relacionamentos, negócios; vida pessoal. Escreva todos em sua agenda e escolha uma data limite para realizá-los. Feito isso, defina três ações específicas para cada objetivo descrito e coloque também uma data limite para cada um. Foque nessas atividades.

Reflita sobre as seguintes perguntas:
- O que precisará aprender?
- Em que precisa acreditar?
- O que precisa fazer para garantir que esses objetivos sejam cumpridos?

   Por fim, comece a trabalhar em seus objetivos e esteja comprometido com eles.

5. **Acordam cedo** - Já vimos, no capítulo anterior, sobre a importância de acordar cedo e realizar algumas tarefas antes de iniciarmos nossas responsabilidades. Tenha disciplina e se comprometa com você mesmo em acordar e dormir cedo. Mude esses hábitos e você sentirá a diferença que farão em sua vida.

6. **Possuem múltiplas e diferentes fontes de renda** - Ter um negócio próprio é o sonho de muitas pessoas. Caso esse não seja o seu sonho, identifique algo que possa melhorar

em relação ao seu trabalho, seja um projeto, ou mesmo melhorar um processo interno na empresa. Esses podem ser mais um motivo para adquirirmos novas habilidades, a fim de conseguirmos não ter apenas um único produto, projeto, mas sim fazer desse produto e projetos várias fontes de renda. Não seria o caso de você usar de seu conhecimento e fazer algo novo para ganhar um dinheiro extra? Reflita sobre isso, onde você poderia ganhar mais dinheiro. Caso você não tenha condições de ampliar seu negócio e ter vários outros produtos, faça uma parceria com outras pessoas, seja um afiliado, por exemplo, onde possa vender outros produtos de outras pessoas no mercado. Ensine algo a alguém e veja se pode monetizar esse serviço. Muitas pessoas costumam reclamar de seus empregos atuais e se acomodam tanto que não percebem que, mesmo já trabalhando, são capazes de criar novos negócios/projetos que ajudarão a aumentar a fonte de renda da família. É uma questão de escolha e comprometimento. Existem muitas pessoas trabalhando oito horas por dia, em seus respectivos trabalhos, e utilizando a internet para fazerem outros negócios que contribuem como outra fonte de renda.

7. **Encontram com seus mentores ou pessoas que os inspiram e fazem** *check point*, *identificam pontos de melhoria* - Ter pessoas como mentores, que ajudam você a se desenvolver e desenvolver o seu negócio, é o que fará a grande diferença. Existem aqueles mentores com quem aprendemos, que nos inspiram, pessoas em quem confiamos. E existem aqueles

que além de tudo isso, permitem que você esteja próximo, participe de grupos de estudos com eles, e estão abertos a serem entrevistados, além de contribuirem e dar suporte para o seu sucesso. Portanto, escolha bem seus mentores, verifique quais os estilos, o que falam, a forma como se divulgam e compartilham seus conhecimentos. Existem aqueles que querem apenas se autopromover, mas existem aqueles que querem ajudar, contribuir com as outras pessoas. Discuta com seus mentores ou mesmo um coach a respeito de suas ideais, mostre seus projetos, inclua-os, esteja próximo, peça *feedback*.

8. **Positividade no DNA** - Busque sempre a alegria e positividade. Ao fazer isso, você muda a energia em torno de você e das outras pessoas, transforma sua experiência diária com boas energias. Sem pensar, nós acabamos por absorver e imitar a energia em torno de nós. Hoje em dia é comum sentirmos uma energia profundamente negativa nas pessoas, por toda parte. Pessoas pessimistas, que esqueceram de como podem trazer a positividade. Seja diferente disso e faça a diferença.

Como sugestão, transforme um ambiente negativo em positivo. Por exemplo: fale algo engraçado, permita que as pessoas possam rir. Fale algo bonito. Faça algo para mostrar a alegria para as pessoas, então mude a energia desse ambiente.

O que importa é que ao demonstrar que você se importa com as pessoas ao seu redor, já estará contribuindo de certa maneira, sendo sua melhor versão. Então se engaje, interaja, esteja atento, mais presente, seja a alegria. Procure alguma evidência na vida para trazer a alegria a todos os ambientes em que estiver. Experiencie a alegria para ter uma vida alegre. A emoção da alegria e da positividade poderão ditar as regras de seu dia a dia.

Pessoas mais otimistas lidam com os problemas de uma forma melhor do que as pessimistas. Isso porque vivem mais, tem mais resiliência, cooperam melhor com os desafios e dificuldades, o que melhora até mesmo sua saúde.

O que você vai escolher para demonstrar alegria?

Precisa gerar a alegria dentro de você. Pense em ser uma pessoa mais positiva, utilize uma linguagem mais otimista a respeito das coisas e situações cotidianas. Ao invés de pensar que algo não vai dar certo, por exemplo, pense o que pode fazer para dar certo.

Muitos atletas, por exemplo têm a positividade e se engajam cada vez mais, querem se superar, mesmo quando estão perdendo uma competição. Conseguem perder uma corrida e sorrir, pois amam o desafio pelo qual estão passando. Pessoas de alta performance tem amor pelos desafios. Um dos desafios é ser a alegria e transmitir isso aos demais.

Tenha o controle de sua mente e de sua energia para ficar mais positivo para as coisas e para as situações, sempre com consciência de onde está indo. Por exemplo, eu evito ler as notícias todos os dias para não me tornar uma pessoa negativa, visto que a maioria das notícias são ruins. Isso pode atrapalhar a positividade que tenho em minha vida.

Se você quiser alegria, precisa aprender a dar alegria dentro de cada situação. É a generosidade, a emoção, a positividade, que alegra todos nós.

9. **"NÃO" seguem a boiada** - As pessoas mais produtivas reservam um tempo para inovar, estão sempre trabalhando em sinergia para verem diferentes possibilidades e identificarem quais as novas oportunidades em que podem apostar. Acabam por se destacar e fazer a diferença na vida das pessoas, justamente por não seguirem o que a maioria faz. Estão o tempo todo pensando em melhorar, arriscam mais e são mais ousadas. Erram também, mais do que as outras pessoas, mas é dessa maneira que conseguem seguir o seu próprio caminho de sucesso. Não esperam que os outros façam, mas tomam a iniciativa e estão dispostos a ouvir os outros, as outras ideias, solicitam as ideias inovadoras, valorizam as diferenças e sabem que só assim terão mais chances de acertar. Tocam a sua própria boiada e jogam diferente seus próprios jogos nos negócios.

10. **São educados, respeitosos e sabem se comportar** - Atualmente, mais do que nunca, é preciso dar atenção a esse aspecto. Com a vida agitada que levamos, a falta de respeito entre as pessoas cresceu muito. Todos precisamos ser educados, respeitosos e pacientes, além de dar crédito para as pessoas com quem trabalhamos, servimos e convivemos mais de perto, nossa família. É preciso cumprir com nossas prioridades, aprimorar nossas habilidades em sermos

pacientes e nos importarmos uns com os outros. É preciso realizar o exercício de não julgar, respeitando as diferenças. Ser educado e dar a devida atenção, escutar as pessoas, compreender, ter compaixão, ter bons modos. Usar de boa etiqueta significa, aqui nesse *booklet*, as atitudes que você tem e que realmente descrevem quem você é. Tenha boas atitudes, aja de forma educada, se mostre interessado, seja simpático e ético. Trate as outras pessoas bem, respeitando cada uma delas.

11. **Contribuem para o sucesso de outras pessoas** - As pessoas que mais têm sucesso em seus negócios são aquelas que focam em suas prioridades, mas também têm o foco de contribuir para o sucesso de outras pessoas. Fazem isso formando uma rede, comunidade, onde cada um se beneficia do sucesso das outras pessoas. Geralmente trabalham em conjunto, alavancando vários negócios ao mesmo tempo. Existe também a troca de ideias mesmo antes de um produto ser lançado no mercado, trocas de experiências muito ricas nesse caso.

12. **Investem um tempo todos os dias para entrar em contato com seus sonhos** - Nada como a nossa imaginação, já que nossa memória é limitada e lida com o passado. A imaginação é infinita, também lida com o presente e o futuro, com a potencialidade, a visão e missão, com objetivos de qualquer coisa que seja agora, mas que pode ser um dia. É interessante dedicar um tempo em sua agenda, todos os dias, para sonhar, entrar em contato com seus sonhos e

objetivos de vida. Começar a semana dessa forma é a regra de ouro da produtividade. Deixe sua imaginação guiar, pois é ilimitada. Quanto mais alto pensar, maior serão as chances de realizar coisas novas, e maiores serão as oportunidades. Entretanto, é importante lembrar de não ficar somente no campo do pensamento. É preciso saber quais ações são necessárias e agir de acordo. Coloque em sua agenda tudo o que imaginar. Depois, com o tempo, poderá aperfeiçoar cada ideia com calma. Não permita que seus sonhos sejam somente sonhos, permita-se realizá-los, mesmo que pareçam impossiveis. Peça ajuda, tenha pessoas que possam lhe oferecer um suporte, adquira novas habilidades, aprimore-se, aprenda e pratique muito. Persista, não desista dos seus sonhos jamais. Se você sonhar e não se esforçar para concretizar seus sonhos, sua vida será comum e normal, com tudo acontecendo por acaso. Entretanto, se focar em realizar pequenos objetivos a cada semana, sempre com foco em seus sonhos, sua vida será mais significativa. Sonhe sempre.

13. **Investem tempo em escutar as outras pessoas e retornam com *feedback*** - Eu sou adepto dessa prática. Em toda e qualquer situação sempre peço *feedback* de tudo o que faço nos meus negócios. Gosto de dar atenção ao que as pessoas falam e aprender com cada retorno. Respeito a opinião de cada um e a forma como pensam. O que considero interessante, busco colocar em prática. As pessoas não tem o costume de pedir esse retorno e também não

estão acostumadas a fazer isso. É importante se habituar com essa prática e saber como aprender com ela. *(veja o acesso da ferramenta bônus do guia do feedback[8], na aba de ferramentas no final desse booklet. Essa ferramenta ajudará você a estruturar um feedback).*

14. **Possuem uma lista geral de tarefas[9] e cumprem com disciplina** - Nossa mente recebe muitas informações o tempo todo e pode ficar sobrecarregada. Com isso, corre o risco de perdemos algum dado importante ou até mesmo algum prazo, simplesmente pela falta de uma lista organizada de tarefas. Isso pode ser feito num bloco de anotações, caderno, no próprio computador, ou mesmo em aplicativos no celular. Os meios eletrônicos podem ser mais ágeis, práticos e sincronizados. Escolha o que for melhor para você. Tudo o que vier até você e que demanda uma ação, precisa ser colocado nessa lista. Dessa forma, será possível você gerenciar melhor as tarefas e atividades a serem realizadas. Uma sugestão seria criar categorias para o que for listado, definindo o que for de ordem pessoal, profissional, bem como projetos, tudo por prioridade em cada área. Evite os "post its", folha de rascunho, coloque tudo em um único lugar. *(veja a ferramenta bônus do guia de como ter uma lista eficaz na aba de ferramentas no final desse booklet).*

15. **Evitam desperdiçar o tempo e removem o que não é essencial** - Não desperdiçar tempo com coisas irrelevantes é essencial para atingir seus objetivos de vida. Muitas pessoas colocam as tarefas em suas agendas, mas não realizam

na prática, pois ficam sem tempo, isso devido a priorizar demandas das outras pessoas. Por esse motivo, diariamente, precisamos ter o cuidado de remover as coisas que não são essenciais. Faça o que é prioridade para você, o que gosta de fazer. Por exemplo, imagine que você tenha recebido uma revista em sua casa e fosse obrigado a ler, mas não acha nada de interessante nela. Você lê porque a revista chegou e está à sua disposição apenas. O que nos distrai é divertido, mas é preciso ter atenção para não perder tempo com o que não agrega valor, como, por exemplo, acesso a mídias sociais em celulares. Esse tempo poderia ter sido utilizado para fortalecer relacionamentos, aprender algo novo para crescer na carreira, etc. Outro exemplo de distração é a televisão. O tempo gasto com isso poderia ter sido utilizado para fazer exercícios físicos, por exemplo, ou meditar. Tudo é questão de prioridade e disciplina. Uma pessoa adulta, que tem como meta aumentar sua produtividade e melhorar sua performance, precisa ter consciência sobre sua utilização do tempo. Olhe para tudo o que faz na vida como um hábito e analise o que aconteceria se pudesse cortar as distrações de sua vida. Reconheça o que não é essencial, priorize o que é e tenha disciplina em suas ações.

Quais desses hábitos você não está fazendo todos os dias?

Segue abaixo uma lista de hábitos. Avalie-se, para cada um deles, e coloque uma nota de zero a dez, de acordo com o grau de sua disciplina a respeito.

Depois observe quais desses quinze hábitos de produtividade você NÃO está fazendo como deveria.

Feito isso, escolha os três primeiros hábitos que você se compromete a melhorar. Em seguida, na outra semana, foque em outros três, e assim por diante. Essa escolha de novos hábitos deve ser definida na primeira parte de seu dia.

Cada vez que faço esse exercício, encontro novas áreas e oportunidades onde posso trabalhar. Lembre-se: seu dinheiro está esperando por você, seu projeto está querendo ficar pronto logo, seus sonhos estão batendo à sua porta todas as semanas, mas nada vai cair no seu colo.

Você precisa estar disposto a se comprometer com um padrão mais alto, bem como estar aberto a ser mais disciplinado e mudar seus hábitos. Ao mudar suas ações, você cria mais valor para sua vida, semana a semana.

Hábitos de produtividade	Minha Pontuação
1. Consistentemente, sempre faço alguma leitura.	1 2 3 4 5 6 7 8 9 10
2. Faço exercícios físicos mais intensos e isso me diverte.	1 2 3 4 5 6 7 8 9 10
3. Passo o tempo na companhia de outras pessoas bem sucedidas.	1 2 3 4 5 6 7 8 9 10
4. Tenho objetivos e sou persistente em persegui-los.	1 2 3 4 5 6 7 8 9 10
5. Acordo cedo todos os dias.	1 2 3 4 5 6 7 8 9 10
6. Tenho múltiplas e diferentes fontes de renda.	1 2 3 4 5 6 7 8 9 10
7. Encontro e faço um *check point* com meus mentores.	1 2 3 4 5 6 7 8 9 10
8. A positividade está no meu DNA.	1 2 3 4 5 6 7 8 9 10
9. Eu não sigo a boiada.	1 2 3 4 5 6 7 8 9 10
10. Sou educado, respeitoso e sei me comportar bem em qualquer situação.	1 2 3 4 5 6 7 8 9 10
11. Contribuo para o sucesso de outras pessoas.	1 2 3 4 5 6 7 8 9 10
12. Invisto um tempo todos os dias para entrar em contato com meus sonhos.	1 2 3 4 5 6 7 8 9 10
13. Invisto tempo em receber *feedback* das outras pessoas.	1 2 3 4 5 6 7 8 9 10
14. Tenho uma lista geral de tarefas e sou disciplinado todas as semanas.	1 2 3 4 5 6 7 8 9 10
15. Evito desperdiçar o tempo e removo o que não é essencial.	1 2 3 4 5 6 7 8 9 10

Da lista acima, escolha os três principais hábitos com os quais você se comprometerá a trabalhar para desenvolver uma mentalidade produtiva. Veja que ações você precisa ter para melhorar em cada hábito e se comprometa em mudar. A cada nova semana, incorpore um novo hábito.

Anote os principais *insights* que teve sobre a Semana 6 e o que você se compromete a fazer de diferente ainda hoje para Ser Produtivo.

Semana 7

TER MAIS CORAGEM
PARA AGIR A CADA SEMANA

Para começar esse assunto, será necessário que você avalie como está a questão de sua produtividade. Lembre-se de que zero ou um significa que não está sendo nada produtivo; e dez que está cumprindo com o planejado e se sente altamente produtivo. Marque abaixo, com um "x", como está sua produtividade a cada semana a partir de hoje, durante as quatro próximas semanas:

SEMANA 1	SEMANA 2	SEMANA 3	SEMANA 4
1 2 3 4 5 6 7 8 9 10	1 2 3 4 5 6 7 8 9 10	1 2 3 4 5 6 7 8 9 10	1 2 3 4 5 6 7 8 9 10

Pessoas de sucesso são consistentes, avaliam-se a cada semana. Produtividade precisa ser implementada e aprimorada, semana a semana. E mensurar, faz parte de avaliar se o crescimento acontece ou não.

Faça as seguintes perguntas para si mesmo e responda abaixo:

1. **Estou produzindo os resultados que realmente importam nos últimos 7 dias? Se a resposta for negativa, o que está me impedindo de produzir esses resultados?**

....

....

....

....

....

....

2. **O que preciso fazer para estar mais focado e criar as tarefas que mais importam para mim, a cada semana?**

....

....

....

....

....

....

3. **Que resultados preciso ter ao final de cada dia, a fim de me manter no caminho certo para a minha grande missão?**

....

....

....

....

....

4. O que é mais importante eu criar, nessa semana, para me colocar na rota certa para atingir meus sonhos?

....

....

....

....

....

A maioria das pessoas não fazem essa análise todas as manhãs. O que fazem é acordar e saltam para dentro do dia, reagindo com vigor apenas aos *e-mails* e mensagens pelo celular.

É importante realizar, todos os dias, uma análise de performance e planejamento de seu dia. Veja o que está em seu cronograma de trabalho, consulte sua lista de tarefas e determine o que é importante para o dia. Agir dessa maneira ajudará a atingir uma qualidade de resultados melhores do que nunca.

Em todas as manhãs, tenha os seguintes hábitos:

- Checar o que é necessário para cumprir os objetivos da semana

- Qual a qualidade do resultado que quero atingir das atividades que devem acontecer hoje.

Não cheque seus *e-mails* nos primeiros sessenta minutos do seu dia. Aproveite esses minutos para pensar, planejar, preparar seu corpo. Visualize como seu dia seria. Utilize seu tempo para fazer algo para sua energia e desenvolvimento, mantenha essa disciplina. Foque na produtividade e terá uma performance cada vez melhor, semana a semana.

É grande a tendência que as pessoas têm para realizar mais de duas tarefas de distração ao mesmo tempo, ao invés de fazer o que é realmente importante. Por exemplo, se você estiver se trocando para fazer ginástica, já definiu o que é importante. Se, nesse momento, o telefone tocar e você atender ou for checar mensagens, pode se distrair e se perder para, somente depois, voltar a focar em se trocar para fazer exercícios físicos. A disciplina é essencial para focar no que definimos como prioridade.

Se você tivesse coragem de agir, como poderia melhorar sua saúde? Vamos sair da nossa zona de conforto e falar sobre coragem. Nós não colocamos a coragem no lugar onde deveria estar. É preciso enxergar um sonho a ser realizado, saber qual o trabalho a ser feito e ter a coragem de ir em frente, não importa como.

Quero que você se desafie e faça de tudo para sair de sua zona de conforto. Faça o que realmente importa! Tenha coragem de levantar cedo, fazer seus exercícios físicos e suas meditações. Imagine-se no futuro, atingindo seus sonhos.

Reflita e defina questões práticas. Se você realmente quer melhorar seu relacionamento com alguém, como seria a coragem que você precisa ter essa semana para ter uma conversa que resolva essa questão? Anote isso em sua agenda, pois é uma atividade importante. Se você pretende melhorar sua qualidade de vida, como seria ter a coragem para abrir seu próprio negócio ou trabalhar em algo que goste? Não me refiro apenas ao primeiro passo, mas aos cinco principais passos que você deverá seguir para realizar o que deseja.

Desafio você a deixar seus pensamentos internos e costumeiros e começar a treinar uma nova forma. E cuidando de você, acaba sendo bom exemplo para outras pessoas também cuidarem de si mesmas. Tenha coragem de ser exemplo de sucesso e produtividade. Ser corajoso significa fazer acontecer, apesar de qualquer coisa. Desejo que você rompa seus velhos hábitos semanais e salte para seu próximo nível, nas diferentes áreas de sua vida. Planeje sua semana, pense como melhorar sua saúde, carreira, finanças, como fazer coisas que você gosta. Foque no é que significativo para você.

Vivemos com nossas próprias seguranças e, muitas vezes, preferimos fazer apenas o que é mais fácil para nós. Geralmente, dependemos de outras pessoas para nos incentivar quando apenas nós mesmos precisamos fazer isso. Se você escolheu ser ousado e corajoso, faça isso a partir de hoje, essa semana, esse mês, esse ano. Se você realmente deseja ser uma pessoa de alta performance, tenha disciplina para planejar seus dias e cumprir com seu planejamento.

Além disso, também recomendo que tenha coragem de agir de acordo com seu propósito, a fim de que vida se torne mais leve e divertida.

Para sermos produtivos precisamos aumentar o nosso nivel de coragem, dominar nossos desafios e tomar ações mais assertivas a cada dia. Fazendo isso, entramos em ação sempre quando necessário.

Pessoas felizes são mais corajosas. Ao agir com mais coragem as preocupações diminuem e focamos no que é mais importante, no que podemos influenciar. Desenvolvemos um controle próprio e sentimos uma capacidade ainda maior e tomamos o controle até daquelas situações que ainda estão um pouco incertas.

Todos nós podemos ser mais corajosos ao enfrentar certa situação ou dificuldade. E uma vez que você entender e demonstrar isso de forma mais consistente, tudo muda. Então, tenha mais coragem de agir e persista, escolha ter novas ações ao invés de ter medo. Convido você a enfrentar seus medos.

Quanto mais você praticar coisas novas, diferentes, quanto mais experienciar algo e enfrentar o medo, a dúvida, menos estressado ficará e mais corajoso será.

É muito importante dar o primeiro passo e agir com mais coragem, ajudar as outras pessoas, contribuir. Se uma outra pessoa ver as suas atitudes de coragem, elas também se inspirarão dessa mesma coragem e conseguirão enfrentar os desafios de uma outra forma.

Encontre um motivo para se esforçar e ser mais corajoso

Em meados de 2007, eu estava, infeliz, desempregado, quebrado financeiramente, sem saber onde ir, e somente depois de alguns anos consegui coragem e resolvi mudar a minha vida, precisei realmente de muita coragem para tomar algumas providências. Eu saí do comodismo para ser um facilitador e inspirar as pessoas a serem ainda melhores.

Eu contei a todos sobre o meu novo sonho.

Eu só quero compartilhar com as pessoas o que eu aprendi muito com essa fase ruim da minha vida. Eu vim de uma situação onde achava que a vida não valia mais a pena ser vivida e descobri que é possível acordar todos os dias e viver de forma mais satisfeita com uma nova vida, um novo sonho. Eu aprendi que devo me importar comigo mesmo e com as pessoas, aprendi também que devo contribuir mais e fazer a diferença na vida delas.

Não foi fácil, exigiu muito esforço e trabalho. Foi uma época difícil para mim. Precisei adquirir hábitos de alta performance, hábitos de produtividade. Uma frase me chamava atenção. "Em tempos de tristeza, seja corajoso e valente".

Lembro-me de dias sentados em um café, vendo outras pessoas digitarem em seus computadores e pensava que eu também poderia fazer algo diferente e isso dependia exclusivamente de mim. Eu me levantava e andava pelas ruas dizendo a mim mesmo que precisava entrar em ambientes mais inspirados, procurar pessoas que me ajudassem a conquistar meu novo sonho e só assim comecei a ter novas ideias.

Minha motivação não subiu o quanto eu desejava, mas mesmo assim não desisti.

Comecei a mudar meus hábitos a cada dia. Defini diferentes gatilhos mentais para poder acordar mais disposto e praticar diferentes hábitos todos os dias.

E então, a partir dessa nova forma de pensar, eu comecei a agir de outra maneira, tudo começou a mudar. Eu pensava: essa não é a vida que eu quero para mim e meus filhos. Eles merecem uma vida melhor e eu também.

Você sabe quando se apropria de uma certa coragem, porque de alguma forma há uma decisão forte por trás. Muitas vezes, não vem de você. Vem do querer servir ao outro, amar o outro para lutar pelo outro para que ambos possam ter uma vida transformada e diferente, um vida de abundância. Decidi, manter o foco em ajudar as pessoas, não importando quais os obstáculos que apareceriam na minha frente.

Decidi seguir meus sonhos com mais foco e intensidade, por isso decidi ser mais produtivo. Eu não queria mais desperdiçar meus dias vagando, perdido em distrações, acomodado, sem fazer nada, não queria mais perder um dia se quer. Decidi lutar por minha vida e amplificar minha voz para poder fazer uma diferença maior. Decidi não me preocupar com as críticas e julgamentos, em vez disso, dediquei todo o meu coração e esforço àqueles que desejavam positividade e progresso na vida. Lutar pela vida que eu quero para mim e para meus filhos me mantém mais motivado. E ao fazer algo pelos outros, também encontramos nossa razão para ter mais coragem.

Anote os principais *insights* que teve sobre a Semana 7 e o que você se compromete a fazer de diferente ainda hoje para Ser Produtivo.

Semana 8

TRABALHE POR MEIO DOS OBJETIVOS DE SEUS PROJETOS

Pense e defina dois projetos que têm o mesmo peso para você, a mesma importância. Projetos que se realizados, proporcionarão sucesso em qualquer área de sua vida.

Vamos supor que você escreveria um livro ou blog, ou mesmo se programar para fazer uma viagem. Pense sobre esses dois projetos. O que viria em primeiro lugar? Esse é apenas um exemplo, mas darei algumas dicas para que você possa descobrir a prioridade de seus projetos e partir para a execução, baseado em quatro critérios.

Desenhe duas colunas em uma folha de papel e coloque um projeto em cada uma. A partir disso, será possível visualizar se eles competem entre si, bem como qual valor e oportunidades cada um pode trazer a você. Serão apresentadas quatro categorias, você deve classificar, cada projeto, numa escala que vai de 1 a 5 pontos.

1º Categoria_ COMO QUERO SER: significa o que esse projeto ajudará a desenvolver, que ajudará você a ser uma pessoa melhor, com mais satisfação pessoal. Imagine com qual deles você se sentiria mais satisfeito. Avalie cada um na escala de 1 a 5 pontos; sendo um, nada a ver com você; e cinco, tudo a ver. Ambos podem ter pontos iguais. Reflita o quanto esses projetos estão alinhados com seus objetivos daquilo que você quer ser na vida, ou conquistar, conhecer, bem como a maneira que eles proporcionarão para que você seja e expresse o que é.

2º Categoria_COMO QUERO ME CONECTAR: conexão aqui está relacionada com as pessoas, com o mundo. Qual desses projetos seria melhor para trazer maior conexão com as pessoas adequadas para você se envolver? Qual deles será melhor para conexão em seus relacionamentos? Pontue cada um, de acordo com a escala de 1 a 5 pontos.

3º Categoria_COMO POSSO CONTRIBUIR: contribuir é poder oferecer ou dar algo a alguém. Pense se o projeto pode contribuir para ajudar as pessoas e quais benefícios terão. Nessa categoria, você cria algo que sabe que pode contribuir com o mundo de uma forma mais positiva e que traga algum benefício para as pessoas. Então qual dos projetos terá maior pontuação? Qual deles pode contribuir mais, com outras pessoas? Lembrando que a pontuação deve ser realizada de acordo com a escala de 1 a 5 pontos.

4° Categoria_COMO QUERO CRESCER: qual dos projetos proporcionará aumento de suas habilidades e ajudará a crescer como pessoa? Qual deles fará com que você se esforce mais em adquirir novas competências, ganhar mais conhecimentos e aprimorar suas habilidades, a fim de que possa crescer e se desenvolver pessoal e profissionalmente? Qual realmente dará o empurrão necessário para seu crescimento, não importando as barreiras e os desafios?

PROJETOS	CATEGORIA 1	CATEGORIA 2	CATEGORIA 3	CATEGORIA 4
Projeto 1	1 2 3 4 5	1 2 3 4 5	1 2 3 4 5	1 2 3 4 5
Projeto 2	1 2 3 4 5	1 2 3 4 5	1 2 3 4 5	1 2 3 4 5

Feito isso, analise agora a pontuação de cada projeto e veja qual foi a maior. Mais pontuação significa a coisa certa a ser feita, que merece mais atenção. Ao planejar as atividades da semana foque 70% de seu tempo às atividades voltadas a esse projeto em específico.

Outro ponto relevante é analisar a respeito dos benefícios que você terá ao concluir cada projeto. Comece a focar no projeto que teve a maior pontuação. Foque em cinco objetivos principais para que esse projeto se realize no período de 60 dias, por exemplo. Quais serão os cinco principais pontos necessários para concluir esse projeto? Depois, para cada ponto, especifique quais atividades deverão ser realizadas a cada semana.

Essa pontuação, nas quatro categorias, ajuda você a identificar em que focar e que tarefas deixar de realizar por não serem importantes ao projeto.

Desenhe caixas coloridas em sua agenda, destaque quais as ações ou atividades a serem realizadas. Priorize e enumere cada atividade, por ordem de importância e urgência. Faça uma coisa de cada vez, todos os dias, uma após a outra. Por exemplo, ao escrever este *booklet*, foquei 70% do tempo, de cada semana, em escrever o conteúdo. A cada dia escrevia um pouco. Na semana seguinte, foquei em fazer o *layout* e as ferramentas que estão inclusas; na outra, desenvolvi os vídeos de divulgação; e assim por diante. Eu vi o projeto tomando forma a cada semana.

É muito importante colocar em sua agenda um horário de início e término para cada tarefa e compromisso. Lembre-se de diminuir as distrações, como, por exemplo, checar *e-mails* e mensagens o tempo todo; atender interrupções de outras pessoas. Administre melhor seus horários e as atividades que colocar em sua agenda da semana, e seja fiel a elas. É fundamental ter a consciência do que acontece dentro de cada semana.

Portanto, antes de iniciar sua semana, faça seu planejamento conforme vimos na semana 3, desse booklet.

O que você considera que não é essencial para a semana, coloque em outra lista. Crie uma lista de "ATIVIDADES NÃO ESSENCIAIS". É importante verificar coisas que possam distrai-lo. É importante criar o hábito de parar de fazer o que distrai.

Verifique sua lista de tarefas a serem feitas. Nela estão claras as recompensas da semana, isto é , se você cumprir com a tarefa da semana para determinado projeto, quais serão as recompensas? Defina essas recompensas da semana, bem como o que deve passar como atividade para a semana seguinte. Uma recompensa poder ser tomar um café com um amigo, comprar algo que goste, tirar o dia para ir a praia.

Foque no projeto com maior pontuação. Dessa forma, priorize as tarefas da semana mais significativas para você.

Defina o que você fará no próximo trimestre, no outro trimestre e assim por diante. Depois quebre as atividades por semana, a fim de saber em que deverá focar. Então desenhe caixas em sua agenda, bloqueando os horários e determinando ações referentes àquele projeto, a fim de que possa avançar com ele a cada semana.

Depois disso, pense diariamente. É preciso ter clareza das atividades a serem realizadas a cada dia. Muitas vezes, as pessoas iniciam a semana e não sabem o que fazer, qual tarefa devem priorizar. A mesma coisa acontece com o tempo. Além de não priorizar as tarefas, as pessoas não sabem quanto tempo será destinado para cada tarefa, simplesmente saem fazendo. No final de cada dia, faça uma revisão. Perceba o que você fez que foi bom, o que deu certo e onde você poderia melhorar. Anote os *insights* para o dia seguinte e, se for o caso, remaneje algumas tarefas, de acordo com a ideia nova que surgiu ou demanda.

Vamos supor que você esteja com três projetos em andamento e que todos sejam importantes; ou mesmo um único projeto, que tem três etapas que devem acontecer simultaneamente. Agende o seu dia, por exemplo, em períodos de três a quatro horas e se organize para fazer um pouco de cada atividade, em cada grupo de horas. Dessa forma, você faz com que todas as atividades ou projetos possam avançar na mesma semana, de uma só vez.

Se você fizer as coisas de maneira aleatória, pode acabar esquecendo de fazer algo que deveria. Provavelmente, acabará culpando outras pessoas ou até você mesmo e se fazendo de vítima, por não ter tido tempo de terminar determinada atividade ou projeto. Não faça isso! Sua inabilidade de ter uma estratégia para priorizar e organizar sua agenda é outra questão. Não culpe sua família, o trânsito, o que quer que seja. Você pode ganhar o jogo em seu negócio, em sua carreira, em sua família, basta colocar em prática o que vimos aqui neste *booklet*.

Não pense que você precisa fazer tudo o que surgir. Sempre questione a respeito do tipo de pessoa que você quer ser; que tipo de relacionamento e conexão quer ter com as pessoas; qual será o trabalho a ser feito; bem como sua contribuição e como vai querer crescer com seus projetos.

Não culpe ninguém. Pense em uma estratégia para a semana, priorize, se organize, considere as coisas que falamos anteriormente.

Talvez não seja fácil fazer isso tudo num primeiro momento. Existem essas dicas, que funcionaram para mim e para outras pessoas. Pense a respeito, veja o que pode considerar dessas dicas e experimente, coloque em prática. Comece com um projeto simples e pequeno, veja como se sai. Tenha a certeza de que se pensar e aplicar os conceitos que falamos aqui, terá uma perspectiva melhor de fazer as coisas de forma mais organizadas.

Não sou perfeito, ninguém é. Todos os dias tenho que me vigiar para ter as melhores práticas. Não se trata de ser perfeito todos os dias, mas de ganhar mais batalhas diárias. Ao fazer isso, você poderá ter melhor consciência do que fazer para melhorar seu dia a dia, além de ser mais fácil priorizar suas tarefas da semana. Faça as tarefas que forem mais importante para você; as mais difíceis primeiro, depois as mais fáceis.

Pense no que é importante para o mês vigente e classifique em quais projetos focará. Em seguida, defina onde colocar energia e atenção a cada semana. Analise que recompensas terá e reorganize as tarefas quando necessário. Lembre-se de destacar suas tarefas na agenda. Ao se alinhar com tudo isso, você ganha o jogo. A maioria das pessoas, infelizmente, não tem nenhuma prática e lutam semana a semana, em vão.

Você é capaz de administrar as coisas que não são essenciais para você, bem como as que podem distrair e atrapalhar seu bom desenvolvimento. Saiba qual o motivo de realizar cada tarefa. Com essa clareza, sua vida e projetos vão ser cada vez melhores. Você pode contribuir muito e criar coisas significativas. Use sua criatividade para colocar os projetos em prática, se organize, bloqueie alguns horários e comece.

O que você têm criado nos últimos três meses? Será algo significativo e de alto impacto e valor para sua carreira?

Sei que hoje em dia a sociedade está reagindo simplesmente às coisas e fatos e estão falhando ao criar algo significativo para a vida delas. Será que estamos produzindo o que temos potencial para produzir? Quando estamos fora da possibilidade de criar coisas, ficamos ocupados com coisas desnecessárias.

Nos anos entre 2005 e 2007, nos USA, enquanto as empresas estavam sobrevivendo, a *Apple*[10] teve um crescimento estrondoso, com *IPod, IPhone* e *IPad*. Tiveram sucesso porque foram taxativos em serem criativos, inovadores. Possivelmente criaram blocos de tempo para criar e inovar, e tiveram resultados excelentes.

Coloque em sua agenda blocos de tempo para criar, programe isso por ser de fundamental importância para seu sucesso.

Se você não criar esses blocos de tempo, a cada semana, para focar nas prioridades de seus projetos, não conseguirá concretizar o que deseja. Então escreva em sua agenda o que vai criar, e execute as tarefas mais importantes.

Anote os principais *insights* que teve sobre a Semana 8 e o que você se compromete a fazer de diferente ainda hoje para Ser Produtivo.

Aprenda como lidar com os relacionamentos chaves, com foco em criar bons momentos humanos

A capacidade de se relacionar com os outros e criar confiança é a base para o sucesso. O momento humano[11] de interação, isto é, estar presente com a outra pessoa, está desaparecendo com o tempo, sendo substituído pelo momento eletrônico.

Sempre fui voltado às pessoas. Gosto de contribuir, me importar e ajudar. Ao longo de minha carreira, investi em aprender as habilidades necessárias para construir relacionamentos fortes e confiáveis. Claro que não tive sucesso em todos, mas muitos contribuíram para aprendizados importantes e se tornaram grandes relacionamentos dignos de uma vida inteira. A maioria das coisas aprendi por tentativa e erro, decidindo investir em meu desenvolvimento pessoal e aumentar a minha inteligência emocional. Pratiquei ser um ouvinte poderoso, aprendendo sobre linguagem corporal e como me posicionar em conversas e em locais públicos. Ter boas relações é fundamental na vida.

Nada fez uma diferença maior, em minha carreira e vida pessoal, do que aprender a desenvolver relacionamentos fortes e reais com pessoas que estavam alguns passos à minha frente. Foi interessante ver como conversavam e se comportavam. Foram pessoas que me influenciaram muito[13].

Muitas pessoas alcançam os influenciadores porque querem alguma coisa. Se você quiser ser também um grande influenciador, precisa pensar sobre o que pode dar as pessoas e, assim, obterá sucesso. Se concentre em ajudar e servir, mantenha bons relacionamentos, conecte-se com as pessoas certas de acordo com seus propósitos e projetos de vida.

Quanto mais você for você mesmo, e quanto mais confiável for, mais autênticos esses relacionamentos serão. Todos querem ser amigos de pessoas reais. Respeite as pessoas e ofereça ajuda, importe-se e contribua com elas.

Relacionamentos de qualidade não acontecem do dia para a noite. Mostre-se consistente para as pessoas, a longo prazo, pense em relações onde prevalece o benefício mútuo para aumentar a confiança.

Um dos blocos de tempo que reservo para todas as minhas semanas é ter momentos, que os neurocientistas[13] chamam de "momentos humanos". São momentos onde você aproveita para estar totalmente presente com as pessoas, onde acontecem muito mais coisas do que poderiam acontecer se usassem a forma eletrônica para se comunicar. Você pode conversar com as pessoas, mostrando sua linguagem corporal, seu tom de voz, sua emoção. Esteja focado nas pessoas, na conversa e momento presente com elas, caso queira construir confiança e desenvolver empatia e construir novas conexões.

Geralmente, em reuniões dentro das empresas, existe sempre muita informação sobre o negócio, processos, mas quase nenhuma informação sobre as pessoas. O que elas gostam de fazer, quais os objetivos de vida, o que gostariam de conquistar. O que, normalmente fazem é se voltarem aos processos e sistemas. Dessa forma, não conseguem ter boa liderança, bom relacionamento, bom momento humano. Precisamos nos voltar para as pessoas e para o que é importante para as pessoas também, a fim de conhecermos melhor com quem convivemos.

Dentro de cada semana, foque também em criar horários para ter esses "momentos humanos". Se estiver no trabalho, faça uma pausa nos processos, nos registros, nos *e-mails* para que possa interagir com as pessoas, a fim de conhecer mais sobre elas. É importante ter esse tempo para estar presente com a outra pessoa. Pense em temas para interagir, como, por exemplo, perguntar para onde ela iria caso resolvesse viajar sozinha. Não se distraia com nada, não importa quem seja, e invista pelo menos trinta minutos nessa atenção especial. A intenção aqui é conhecer as pessoas com quem você convive. Agende esse momento com a sua família, deixando a tecnologia de lado e focando mais na interação. Esses momentos podem acalmar e ajudar a sair do estado de ansiedade criado pela sobrecarga de trabalho.

O "momento humano" requer dois fatores: o primeiro, presença física; e o segundo, atenção. Você pode ter esse "momento humano" com uma pessoa que você não conhece, alguém na rua, numa loja. Coloque as distrações de lado, faça contato visual com a outra pessoa e exercite isso. Dê atenção, conecte-se com ela realmente, escute, se coloque à disposição e contribua espontaneamente.

É preciso dar atenção, se conectar e estar junto das outras pessoas. Reserve um tempo em sua semana para fazer isso e prepare-se para ter bons "momentos humanos".

Encontre seu "momento humano" nessa semana

Na tabela abaixo, identifique as pessoas com quem você mais se relaciona. Escreva, ao lado do nome dessa pessoa, qual o "momento humano" que você terá com ela essa semana. Lembre-se de que é importante escrever.

NOME DA PESSOA	MOMENTO HUMANO
Alessandra (esposa)	Levar minha esposa para jantar em um restaurante que ela goste, no sábado a noite, após uma sessão de cinema.

Anote os principais *insights* que teve sobre a Semana 9 e o que você se compromete a fazer de diferente ainda hoje para Ser Produtivo.

....

....

....

....

....

....

....

....

....

....

....

....

....

....

....

....

....

....

....

....

....

....

....

....

Semana 10

Um último lembrete

A intenção deste *booklet* é agregar valor à sua vida para ajudar a criar suas rotinas diárias e semanais.

Entretanto, uma das coisas mais desafiadoras, que você enfrentará será se comprometer com seus hábitos, metas, rotinas e suas novas intenções.

É preciso ter disciplina pessoal para ter maior produtividade a cada semana. O assunto dessa semana é sobre como fazer as coisas. As pessoas bem-sucedidas aplicam essas práticas, comentadas aqui nesse *booklet*, de maneira consistente.

Ao fazer isso, toda semana, estou certo de que você irá dobrar, triplicar, até quadruplicar sua produtividade, seu sucesso, deixando de lado a preguiça, a tristeza, tendo uma vida mais feliz e focada nos seus objetivos. Além disso, perceba como sairá do comum e começará a ganhar um novo rumo, tanto em sua vida pessoal como profissional.

Pessoas mais produtivas, e que estão acima da média, são mais consistentes. Elas não fazem as coisas mais fáceis ou o que estão acostumadas a fazer. Pelo contrário, querem criar, inovar e se esforçam para fazer a diferença, a cada semana. Para isso, criam rotinas mais produtivas e cuidam do corpo e da mente.

Quantas vezes perdemos tempo com todas as desculpas possíveis e acabamos por procrastinar muitas coisas. Isso devido ao fato de fazermos sempre aquelas coisas que são mais confortáveis para nós. Precisamos ter os comportamentos adequados se quisermos seguir nossos planos de maneira mais intensa e consistente.

Hoje em dia, é muito difícil estarmos à frente de tudo, pois temos muitas informações, vídeos, mensagens. Lutamos para focar nosso tempo, energia e atenção, porque o mundo vem descobrindo maneiras de nos bombardear em tudo o que fazemos, desde checar os *e-mails* no celular, até lidar com os sinais sonoros das mensagens, ligações, postagens, que chegam o tempo todo.

O que faremos então?

Vamos começar a DIMINUIR o tempo de distrações digitais e focar no que é mais importante.

Sei que, atualmente, falar isso pode gerar muita controvérsia, mas quero que você reflita um pouco sobre essa questão. As pessoas têm a tendência de dar mais atenção a muitas coisas de uma só vez, e acabam não conseguindo realmente focar em nada ao mesmo tempo. Muitas delas precisam fazer uma dieta digital, pois estão viciadas em telas, sinais sonoros e campainhas da era eletrônica.

Logo pela manhã, por exemplo, você começa a ver os seus *e-mails*, clica nos *links* que recebe e, sem perceber passa vários minutos ou horas nessa atividade. Você não fez nada e passou esse tempo lendo as coisas que recebeu das outras pessoas, além de verificar e responder também o que postaram em midias sociais. Depois de alguns minutos, você não consegue nem lembrar de tudo o que viu na internet. Sabe que alguém postou algo, mas não se lembra da maioria das frases que leu e não sabe realmente qual *post* curtiu. Será que as coisas que você viu adicionaram valor à sua vida? Provavelmente, não.

Você ficou cheio de informações, que chegavam a cada minuto e acabou sentindo como se tivesse sofrido um apagão. Todo esse tempo e energia investida, normalmente, é improdutivo e sem significado para você. A razão pela qual fazemos isso é que liberamos mais dopamina[14], que é um neurotransmissor monoaminérgico que desempenha vários papéis importantes no corpo e no cérebro. Um dos papéis envolve o sistema de comportamento, motivando a recompensa, que também envolve o controle dos movimentos, aprendizado, humor e memória. Ao checar as informações que recebemos constantemente, acabamos por dar recompensas ao nosso cérebro, onde vemos tudo que é novo no ambiente. Sempre é uma coisa intrigante e muita dopamina, como se fosse um cérebro de doces e isso causa ansiedade em ver tudo acontecendo. Dependendo do que são as informações, produzem uma sensação de bem-estar.

O desafio, é perceber que não existe o cumprimento de nada de valor se acessamos essas informações excessivamente, essa variedade pode ser um tempero para a nossa vida, mas temos que achar as coisas diferentes onde podemos focar em trazer um aprofundamento real em nossas vidas, ou seja, focar nas coisas que realmente importam para nós.

Convido você a diminuir seu tempo de ver coisas irrelevantes na internet, a fim de usar esse tempo a seu favor, vendo o que realmente importa a você.

Sofremos com os aplicativos e jogos, por exemplo. Começamos a jogar e perdemos muito tempo, pois queremos vencer cada fase, custe o que custar. Você já percebeu o tempo que fica nesses jogos *on-line*? Às vezes, é interessante jogar para espairecer, se divertir um pouco. Entretanto, as pessoas que conseguem ter maior produtividade na semana são aquelas que pensam mais em superar os desafios e fases da vida, planejam e agem de maneira estratégica e não estão perdidas em joguinhos *on-line*, nem perdem tempo em ver a vida de alguém famoso. Essas pessoas, já perceberam o quanto têm a fazer por si mesmas, dedicam seu tempo para construir um caminho de propósito. Dessa forma, não sobra tempo para ler amenidades sobre famosos, ver uma intriga social ou um *reality show*. O foco é fazer contribuições significativas para elas mesmas, para as pessoas e para o mundo.

Quantas pessoas que você conhece que passam períodos inteiros do dia assistindo à televisão ou mergulhados em jogos eletrônicos?

As pessoas de sucesso nos negócios e as mais produtivas sabem como investir seu tempo de maneira mais inteligente.

Não estou falando que é preciso ser um *workaholic*. Precisamos descansar, ter férias e curtir os bons momentos da vida. Mas mesmo em férias, aproveito para pensar e contemplar sobre o mundo, meus planos para o futuro, e o que quero fazer.

Para fazer isso tudo, você precisa se desligar um pouco da tecnologia e das telas que estão ao seu redor e sugam todo seu tempo. Volte para você, para a sua própria mente e suas ambições, para a sua vida. Muitas pessoas evitam a vida, porque ficam navegando em sua segunda vida, a virtual. Essas pessoas querem parecer bem *on-line*, e acabam por seguir pessoas que não agregam valor.

Trabalhe e foque em sua própria vida, faça uma dieta digital. Perceba o quanto aumentará sua produtividade e como você saberá, naturalmente, o que pode fazer para melhorar a cada semana. Você não vai perder nada se ficar desligado ou desconectado da internet por algumas horas, use esse tempo para pensar em algo, meditar, trazer mais energia para o seu cérebro de tanta dopamina que ele recebe.

Uma dica seria meditar, o que ajuda a ficar mais inteligente porque renova o cérebro. Você não vai conseguir fazer isso se ficar pulando de tela em tela, de mensagem em mensagem. Volte-se para o seu interior, contemple mais, perceba seus pensamentos, sentimentos e emoções. Aprenda a dominar o seu dia e reflita sobre seus comportamentos, de forma geral, mas em especial com as mídias sociais e o tempo que gasta com isso.

Quero encorajá-lo a fazer uma dieta digital agora mesmo! Quanto mais fizer isso, melhor será seu progresso na vida. Experimente desenvolver um plano para aprender e não para perder seu tempo com coisas irrelevantes, que nada tem a ver com seu negócio, ou com sua vida. Preste atenção em como lida com o seu tempo.

Permita-se diminuir seu tempo digital. Quando utilizá-lo, que seja para seu crescimento pessoal e profissional. Perceba o ganho que terá em todas as áreas de sua vida.

Sempre siga uma ROTINA DIÁRIA mais produtiva

Sabendo de todo o conteúdo desse *booklet*, o que você pode fazer para melhorar o seu foco, ser mais produtivo e melhorar sua qualidade de vida? Escreva abaixo os primeiros pensamentos que vierem à sua mente.

....
....
....
....
....
....
....
....
....
....
....
....
....
....
....
....
....

Ao acordar, lembre-se de fazer algumas coisas específicas para dar mais energia ao seu corpo e mente. As pessoas que desejam se diferenciar nos negócios e em suas profissões, não começam o dia checando e reagindo aos *e-mails* e mensagens, como eu já disse. Pelo contrário, possuem um sistema organizado e cumprem uma agenda programada. Se optar em apenas reagir de acordo com a vida das outras pessoas, não será possível viver a sua vida como deveria, nem conquistar o que deseja, se diferenciar.

Então quais serão os seus rituais diários que pretende adotar num primeiro instante?

LEMBRE-SE: COMECE AINDA ESSA SEMANA

Conheço pessoas de sucesso que fazem algumas coisas que descrevi aqui. Veja se você consegue experimentar:

- Acordar e sentar na cama, com os pés firmados no chão, costas eretas. Repetir em voz alta, três vezes: obrigado, obrigado, obrigado! Isso torna possível começar o seu dia em um ambiente de gratidão. Alguns até fazem uma oração de agradecimento pelo fato de terem acordado.
- Beber 250 ml de água em jejum com um pouco de limão espremido.
- Praticar atividade física leve, como, por exemplo, uma caminhada; bem como realizar práticas de exercícios de respiração profunda, que levam a focar no que é importante para você fazer no dia.

- Tomar café da manhã de forma mais saudável, sem pães, bolos, torradas, açúcares. Substituir por uma pequena porção de castanhas e ovos mexidos, por exemplo. Verifique com seu médico e nutricionista o cardápio ideal para você que fará com que tenha mais energia.

- Antes de começar suas responsabilidades do dia, reserve um tempo para pensar como será o seu dia, isto é, visualize como você quer que seu dia seja, antes mesmo de abrir seus *e-mails*. Identifique quem são as pessoas para quem você precisa solicitar algo, quais são as suas prioridades.

- Reservar um tempo, nas primeiras horas do dia, para que possa fazer leitura de um livro. Isso permite que você fique mais atento e mais antenado para aprender coisas novas.

- Procurar uma pessoa para agradecer por algo que ela tenha feito de bom a você. Elogiar alguém também vale.

- Antes de dormir, faça uma reflexão sobre o que aprendeu no dia. Perceba pelo que você é grato e escreva uma lista a respeito.

- Buscar ter um ritual diário, mesmo que não seja muito fácil no inicio. Opte por ter uma alimentação saudável pela manhã. O ritual é importante para que você seja sua primeira atividade do dia, antes de começar a reagir à mensagens eletrônicas que recebe.

- Ser mais proativo em relação ao que você quer atingir é fundamental para sua vida. O ritual diário permite que as suas semanas sejam perfeitas e poderosas.

Anote os principais *insights* que teve sobre a Semana 10 e o que você se compromete a fazer de diferente ainda hoje para Ser Produtivo.

ORGANIZAR UM TEMPO PARA FOCAR

Organizar um tempo para focar em algo importante é essencial. Quero aqui enfatizar que você deve anotar em sua agenda blocos de tempo, que são períodos do dia onde você vai bloquear um horário para determinada atividade. Não importa o que aconteça, faça o que foi programado. Se realmente for necessário, reprograme alguma tarefa, mas mantenha sempre organizada sua agenda.

Por exemplo, precisei bloquear um tempo em minha agenda para escrever esse *booklet*. Ao priorizar isso, deixei o celular desligado, fechei o navegador da internet, e realmente foquei em escrever apenas.

Neurocientistas[15] falam que quanto mais decisões temos que tomar em um mesmo período de tempo, menos qualidade teremos nessas decisões, pois não nos aprofundamos e ficamos distraídos.

Paro por duas semanas para gravar os meus vídeos e nada mais acontece nesses dias, a não ser as gravações.

Muitas pessoas acham que responder *e-mails* ou responder mensagens é sempre urgente, e fazem isso o tempo todo. Se você adotar esse tipo de atitude, verá sua produtividade baixar a cada semana.

Você pode ver o mundo de outras maneiras. Uma delas é sendo mais produtivo, contribuindo com você mesmo e com outras pessoas. Para isso, é necessário querer sair desse mundo das telas a fim de entender como dominar as coisas que são mais importantes para você. Sei que isso é desafiador e talvez não seja fácil, ainda mais hoje em dia.

Entretanto, desafio você a sair um pouco dessa vida turbulenta de reações e pensar no que realmente é importante e pode fazer sua vida avançar. É interessante sair da comodidade e fazer algo de criativo e novo para sua vida. É muito fácil acessar mídias sociais durante o final de semana inteiro, ao invés de escolher, fazer uma atividade física. Opte pelas melhores escolhas.

Como você pode se engajar em algo único, significativo e valioso, que mudará sua vida, se você não se permite bloquear sua agenda para investir tempo para focar no que é realmente relevante?

Se você não mudar, nada muda. Se as coisas continuam como estão, você não tem possibilidade de crescer e aprender.

Portanto, a organização de sua semana é fundamental. Defina seus projetos relevantes e foque nas atividades necessárias para realizar seus compromissos referentes a esses projetos.

Antes de planejar sua semana, visualize essa semana e as atividades a serem realizadas. Ao manter a organização e a disciplina, você mantém o foco em seu sucesso.

O mundo está cheio de boas intenções e também de pessoas apenas com intenções sem ações, o que resulta em não conseguir concluir suas atividades e projetos. Essas pessoas colocam barreiras em sua vida, pois nunca visualizam que benefícios terão se conseguirem realizar suas atividades e cumprir com seus compromissos. A maioria das pessoas que não tem essas práticas de visualização, não sonham alto.

Visualizar ativa o cérebro de forma diferente, mantendo motivação a longo prazo para conseguir realizar e concluir tarefas a serem realizadas.

Você já se imaginou no próximo estágio de sua vida? Como estará e se sentirá daqui dez anos? Como será sua casa e que tipo de pessoas o visitariam? Como você contribuirá com o mundo? Como será seu corpo? Se você não visualiza, não entra na realidade. E se as coisas não acontecem, você tende a se sentir frustrado e triste. Portanto, abra sua mente para novos aprendizados, perceba os resultados em sua mente. A cada semana, visualize os resultados que deseja atingir. Crie esse hábito e experimente novas e diferentes sensações em seu cotidiano.

Seu desafio, agora, é colocar em prática todas as dicas mencionadas neste *booklet*, a cada semana. Isso proporcionará o desenvolvimento de seu autodomínio, com mais comprometimento e disciplina, o que trará melhorias em todas as áreas de sua vida. Leia e releia esses conceitos sempre que necessário.

Permita-se experimentar essas dicas na prática e descubra o quanto da sua vida pessoal e profissional pode ser diferente e melhor.

As pessoas se espantarão com suas mudanças e, talvez, pensarão que você fez tudo de forma rápida, e ficarão sem entender como está sempre feliz e energizado. Você explicará que todo esse trabalho é fruto de muita disciplina, organização e força de vontade.

Se você encontrou valor neste *booklet*, ficarei encantado em ouvir sua história e como essas dicas e conceitos impactaram sua vida. Envie seu *feedback* para o e-mail **mmarchesani@me.com**. Caso deseje, compartilhe também sua experiência com seus amigos e familiares, a fim de que eles possam fazer a diferença também na vida deles.

Desejo que você tenha sempre semanas perfeitas e poderosas e possa SER PRODUTIVO, ainda mais. E lembre-se de todos os dias de sua vida...

CONTRIBUA,

IMPORTE-SE MAIS

COM AS PESSOAS,

E FAÇA A DIFERENÇA

AINDA HOJE.

FERRAMENTAS

GUIA PARA PRATICAR O FEEDBACK

É preciso ter consideração pelas pessoas e coragem para expor nossa percepção em relação a algo, com respeito. Dessa forma, para dar *feedbacks* honestos precisamos seguir algumas regras básicas:

1. **Toda vez que for dar um *feedback*, o motivo para isso deve ser ajudar o outro**. Se sua intenção não for essa, repense se é realmente o momento de dar esse feedback ou não.

2. **Ao dar o *feedback* para a outra pessoa, não utilize rótulos,** isto é, não acuse ninguém. Descreva as suas preocupações e não a pessoa em si.

    Exemplos:

    • "Pelo que aconteceu na semana passada, tenho a impressão de que..."

    • "Estou chateado e muito preocupado com relação a..."

3. **Seja bem específico em seus exemplos**

   - "Você chegou atrasado todos os dias na semana passada, o que aconteceu?"

   - "Tivemos uma auditoria e o João precisou refazer toda a sua parte no relatório. Além disso, ..."

4. **Não faça comparações**, pois isso deixa as pessoas ainda mais inseguras.

5. **Fale algo para a pessoa, referente a um fato ocorrido, e depois deixe que a pessoa fale a respeito**. Escute até o final, sem interromper. Não interrompa, não julgue, não avalie, apenas escute.

   Exemplos:

   - Estou interessado em saber a sua opinião a respeito dos fatos que coloquei. Como você vê essa situação?" *(Escute tudo o que a pessoa tem a falar)*.

   - Durante a fala da pessoa que recebe o *feedback*, quando puder, confirme o seu entendimento parafraseando o que foi dito.

O maior presente que você pode dar a um integrante de sua equipe é um bom e honesto feedback.

TREINANDO PRATICAR
O FEEDBACK
ANTES QUE ELE ACONTEÇA

É muito importante, antes de darmos um *feedback*, realizar um planejamento. Para isso, segue abaixo um guia:

1. Identifique quem necessita de um feedback

Nome:

....

....

2. Qual o motivo desse feedback? Relate o fato acontecido.

Motivo:

....

....

....

....

....

....

....

3. **Especifique quais são os impactos e problemas que esse fato realmente gerou.**

Impactos

....

....

....

....

4. **Identifique as possíveis respostas que a outra pessoa, que recebe o feedback, falaria? Veja como você poderia contornar essa situação, caso dissesse essas coisas?**

Possíveis respostas e soluções para contorná-las

....

....

....

....

5. **Registre o que foi combinado e documente usando um e-mail ou outro documento.**

Notas_que ações precisam ser feitas:

....

....

....

Observação:

Certifique-se de acompanhar as mudanças da outra pessoa, que recebeu o *feedback*. Após algum tempo, agende um novo *feedback*, que seja positivo, para dizer o quanto você está feliz com a mudança. Esse reconhecimento é muito importante. Faça ajustes se necessário.

Ferramenta 2

CUMPRA COM SEUS OBJETIVOS SEMANAIS UTILIZANDO UMA "LISTA GERAL DE TAREFAS".

As orientações abaixo representam uma sugestão prática para ter uma lista geral de tarefas de forma objetiva.

Mantenha uma única lista em um único lugar (caderno, *outlook*, *lotus note*, *google calendar*, aplicativo de tarefas).

Anote cada tarefa nessa lista, iniciando a frase com um verbo, pois deixa claro que a tarefa demanda uma ação. Exemplo:

- **Fazer** supermercado.
- **Programar** uma reunião com a área de vendas.
- **Preencher** o relatório com os dados de todas as áreas da empresa.
- **Ligar** para a Marina.
- **Comprar** um presente para o Leonardo

Para as tarefas mais importantes, anote com uma cor diferente, ou letras em caixa alta.

Divida suas tarefas por blocos de categorias diferentes. Pode ser por projetos, área, papéis, pessoas, objetivos etc. Se preferir, adicione uma cor para cada categoria.

Coloque uma data em que a tarefa deve ser realizada, ou também coloque uma prioridade (baixa, média ou alta).

Simulando uma lista geral de tarefas:

Identifique de dois a três papéis para sua vida pessoal; e de dois a três papéis para sua vida profissional, que você exerce atualmente ou pretende exercer em breve.

Escreva abaixo uma tarefa específica para cada um de seus papéis que você se compromete a fazer na semana. Por mais que a semana seja agitada, anote em sua lista de maneira destacada.

Papel Pessoal_1: Pai

• Fazer a matrícula de meu filho na escola

Papel Pessoal_2: Escritor

• Escrever um capítulo de meu livro

Papel Pessoal_3: Filho

• Ligar para meus pais

Papel Profissional_1: Gerente de RH

• Elaborar a apresentação do plano de treinamentos desse ano para a reunião dos gerentes.

Papel Profissional_2: Consultor

• Estudar o capítulo 1 do livro "Brainblocks"

Papel Profissional_3: Coordenador de treinamento

Divulgar as datas de treinamento para a área comercial

Tudo o que chegar até você, e que demandar alguma ação, é uma tarefa e você deverá colocá-la em sua lista geral de tarefas.

Sua lista de tarefas cresce e muda todos os dias, por isso, seja bastante organizado e administre bem essa lista, que é a chave para realizar um ótimo planejamento de ações da semana.

Se preferir, faça também uma lista do que "NÃO FAZER".

Quais são as 5 coisas que você "não pode fazer" essa semana, a fim de que não se distraia ou perca produtividade. Veja os exemplos abaixo:

1. Não checar *e-mails* e mensagens durante a reunião.

2. Não atender o celular.

3. Não ficar mais de 10 minutos seguidos, vendo *posts* nas mídias sociais.

4. Não ligar a televisão.

5. Não aceitar participar de uma reunião sem ser comunicado com pelo menos três horas de antecedência.

Ferramenta 3

SLOGAN DA CORAGEM E DA MUDANÇA

Essa ferramenta é útil para que você possa romper qualquer comportamento que seja inadequado ou que você queira mudar.

Sabe aquele comportamento que você age por impulso, simplesmente repete sempre a mesma coisa, do mesmo jeito há anos e quer mudar, mas não consegue?

Essa ferramenta poderosa que vai ajudar você a enfrentar esses pensamentos que limitam, isto é, pensamentos que não nos deixam avançar ou obter o que queremos. Ajudará também a ser mais ousado, mudar o que tiver vontade, ter mais coragem e iniciativa.

Por exemplo, você sabe que precisa fazer exercícios físicos, mas não faz com frequência. Sabe que precisa se alimentar de maneira mais saudável, mas não faz isso todos os dias.

A ferramenta **Slogan da Coragem e da Mudança** ajudará com todas essas questões. Você pode utilizar sempre que quiser mudar um comportamento.

O resultado é ganhar confiança e realizar uma mudança profunda e impactante em sua vida, com resultados imediatos.

Por que Slogan?

Como a própria palavra já diz - "**Slogan**" é uma expressão concisa, um pequeno grupo de palavras que são combinadas de forma especial. Nesse caso vamos utilizá-lo para identificar um comportamento seu. Seja algo do qual você age por impulso, ou um comportamento que esteja no modo "piloto automático" e que precisa ser mudado rapidamente.

E por que a Coragem?

Coragem é o ato de espírito que precisamos ter para enfrentar ou mudar uma situação, ou enfrentar algo que seja difícil ou nos incomoda.

E a **Mudança** é uma ação que precisamos ter para realizar algo que queremos.

Veja agora, o Slogan da Coragem e da Mudança.

Vamos supor que você está de dieta e, após o almoço, você tem duas opções de sobremesa: um pedaço de bolo ou uma fruta.

Você está com água na boca, mas sabe se sair da dieta, pode acontecer de abandonar de vez a dieta.

A ideia é não sair da dieta e trocar a tentação de comer o BOLO por uma FRUTA, o que seria mais saudável.

Você aplica o Slogan da Coragem e da Mudança da seguinte maneira:

Diga BOLO - 1, 2, 3, 4 - PRO LADO - PRO OUTRO - PRA FRENTE - PRA TRÁS - .... FRUTA.

Não sei se você percebeu, mas o slogan funciona assim.

Inicie falando uma ação ou situação que você deseja mudar, por exemplo:

BOLO (nesse caso, bolo seria algo que estou acostumado a comer, mas que dessa vez pretendo trocar por outra coisa).

Em seguida, mencione o slogan da coragem e da mudança - 1, 2, 3, 4 - PRO LADO - PRO OUTRO - PRA FRENTE - PRA TRÁS - depois PARE - e diga qual a nova ação ou coisa que deseja fazer. Nesse exemplo: FRUTA.

Ao aplicar o Slogan da Coragem e da Mudança, podemos ter um grande impacto para a mudança se adicionarmos uma respiração profunda e um movimento físico simples.

Veja o exemplo a seguir:

BOLO - 1, 2, 3, 4 - pro lado - pro outro - pra frente - pra trás PARE - RESPIRE PROFUNDAMENTE - FAÇA UM MOVIMENTO COM O CORPO - seja uma palma, um salto, um giro - FRUTA.

O fundamento dessa ferramenta está baseada no seguinte: ao falar a situação "A", BOLO - o cérebro vai perceber que algo pode mudar.

O slogan serve para conscientizar que existe uma outra maneira de fazer as coisas e que podemos ter diferentes escolhas para cada situação.

A respiração e o movimento físico ajudam na oxigenação do cérebro e movimenta o corpo, como um alerta para poder pensar e agir de forma diferente.

Ao falar a situação "B", FRUTA - você pode sair imediatamente para uma nova ação.

O Slogan da Coragem e da Mudança serve como alavanca para romper um comportamento comum por um comportamento completamente novo, algo mais relevante para você, além de permitir que você preste atenção em outras oportunidades. Seria como inibir um comportamento pernicioso, que prejudica ou incomoda, e poder adotar um novo comportamento, ou forçar a adquirir novos hábitos para a alta performance.

Vejamos outros exemplos de utilização dessa ferramenta:

Exemplo 1: Quantas vezes você estacionou o seu carro, mas ficou na dúvida se realmente trancou a porta? Quantas vezes precisou voltar para verificar se o carro estava realmente trancado?

Utilize o Slogan para tirar essa dúvida de você.

Ao fechar a porta do carro, repita:

CARRO - 1, 2, 3, 4 - pro lado - pro outro - pra frente - pra trás PARE - RESPIRE PROFUNDAMENTE - diga_ FECHEI, FECHEI , FECHEI.

Exemplo 2: Todos os dias, pela manhã, você fica na dúvida se fica mais trinta minutos dormindo ou se levanta, coloca sua roupa de ginástica e sai para fazer exercícios, como uma caminhada, por exemplo.

Utilize o Slogan como motivador ativador para exercitar o corpo.

DORMIR - 1, 2, 3, 4 - pro lado - pro outro - pra frente - pra trás PARE - RESPIRE PROFUNDAMENTE - FAÇA UM MOVIMENTO COM O CORPO - espreguisse -se LEVANTAR AGORA E VESTIR A ROUPA DE GINASTICA.

Você pode usar o slogan mesmo estando em seu ponto mais baixo, desanimado, desmotivado. A escolha de mudar é sua. Sempre que vier um pensamento ruim, fale o Slogan em voz alta e tenha uma outra atitude.

A iniciativa está dentro de você. Talvez você se permita utilizar sua coragem para fazer coisas . O slogan empurra você e desperta para novas ações.

Com uma ação de coragem, você poderá se tornar a pessoa que sempre quis ser. O Slogan ajuda você a deixar seus pensamentos improdutivos e partir direto para a ação, tomar uma nova decisão em poucos segundos. Chamo essas decisões de "Decisões do Coração" , ignorando o medo e aflorando a coragem e a confiança. É o falar consigo mesmo.

Experimente utilizar o slogan da Coragem e da Mudança em diversas situações ou em momentos que você deseja mudar um comportamento, ou seja, em todos os momentos que você acha que pode se forçar a fazer algo diferente. Caso contrário, a tendência de repetir velhos hábitos é enorme e você continuará a fazer coisas que deixam você ficar em um estado mais acomodado, confortável, com o mínimo esforço, isto é, no modo "piloto automático".

Muitas pessoas já experimentaram o Slogan da Coragem e da Mudança e sabem o quanto pode ser poderoso.

Com essa ferramenta, você também ganha a habilidade de sair de sua zona de conforto.

Então o seu desafio de hoje é aplicar o Slogan da Coragem e da Mudança em uma situação específica do seu dia a dia.

Escolha agora uma situação para utilizar o Slogan: 1, 2, 3, 4, - pro lado - pro outro - pra frente - pra trás...

Exemplos mais comuns para você utilizar o Slogan da Coragem e da Mudança:

- Quando tiver que falar NÃO.

- Quando for tomar uma decisão.

- Ao trancar a porta do carro.

- Ao falar em uma reunião ou apresentação.

- Quando quiser diminuir as distrações.

- Quando quiser comer coisas mais saudáveis.

- Quando quiser acabar com seus medos.

- Escolher fazer exercícios.

- Bloquear excessos de coisas irrelevantes.

- Pedir ajuda.

- Falar com alguém, caso tenha receio.

- Fazer coisas para você.

- Tomar iniciativa.

- Cumprir com os compromissos assumidos.

- Evitar procrastinar.

Conclusão

A intenção deste *booklet* é agregar valor à sua vida para ajudá-lo a começar a ser mais produtivo. Ter uma nova visão sobre a produtividade, suas rotinas matinais e hábitos que você terá que desenvolver se quiser ser produtivo.

Mas uma das coisas mais desafiadoras que você enfrentará é permanecer comprometido com seus novos hábitos, sua maneira de pensar, seus objetivos semanais, rotinas e intenções.

Não deixe de me marcar no Facebook e no Instagram: @mauricio. marchesani sempre adiciono alguns pensamentos motivacionais.

Lembre-se de compartilhar como você está se saindo a cada semana. Também se você conhece alguém que amaria ler este *booklet* ou que trabalha no momento para construir uma vida mais produtiva, cheia de realizações, indique essa leitura.

Se você encontrou valor neste livro. Eu adoraria ouvir sua história de como isso impactou sua vida. Adoro receber *e-mails*, mensagens sobre como isso o ajudou em seu caminho para ser mais produtivo e conquistar sua grandeza!

Por favor, compartilhe todo esse conhecimento e conceitos com todos que você acha que podem se beneficiar e deixe seus amigos saberem onde você conseguiu este *booklet*. Se quiser saber mais sobre meus outros programas e cursos, temos mais informações no site para que você possa se juntar à nossa comunidade de uma maneira ainda maior!

Sobre a FranklinCovey Brasil

A FranklinCovey Brasil é uma sólida organização voltadas para a melhoria da eficácia corporativa e pessoal. Suas soluções baseiam-se no desenvolvimento da alta produtividade, gerenciamento de tempo, projetos e excelência nos relacionamentos interpessoais. Desde 2000, a FranklinCovey Brasil já aplicou treinamentos em cerca de 130 das maiores empresas do país, utilizando uma metodologia baseada em principios, que transformam essas organizações de dentro para fora, tornando-as altamente eficazes.

Eu, Mauricio Marchesani, atuo na FranklinCovey Brasil como facilitador desde 2010, ministrando os treinamentos:

Os 7 Hábitos das Pessoas altamente Eficazes

Os 7 Hábitos para Gestores

As 5 Escolhas para uma Produtividade Extraordinária

Liderando na Velocidade da Confiança

A FranklinCovey é líder global no treinamento em eficácia, ferramentas de produtividade e serviços de avaliação para organizações, equipes e pessoas.

Crenças Fundamentais

1. As Pessoas são naturalmente capazes, ambicionam crescimento e tem poder de escolha.

2. Princípios são eternos e universais, e são a base para a eficácia duradoura

3. Liderança é uma escolha, construida de dentro para fora tendo como base o caráter

4. Hábitos de Eficácia vêm somente com o uso comprometido dos processos e ferramentas adequadas

5. Sustentar o desempenho superior requer equilibrio, foco no alcance dos resultados e no aprimoramento das habilidades.

Valores

1. Compromisso com os Princípios

2. Impacto Duradouro com os Clientes

3. Respeito pelo Ser Humano

FRANKLINCOVEY BRASIL

Rua Flórida, 1568 – São Paulo, SP - 04565-001 - Brasil

Telefone: (11) 5105-4400

Site: www.franklincovey.com.br

Email: m.marchesani@franklincovey.com.br

Agradecimentos

Escrever esse *booklet* não seria possível sem a contribuição da sabedoria e o apoio de muitas pessoas.

Sinto gratidão a Deus em primeiro lugar que tem me dado suporte, me deu uma segunda chance, que recebi depois da minha separação, e da perda do meu emprego, pois eu não tinha mais chão. Todos os dias agradeço a Deus e busco viver mais plenamente, amar, contribuir, importar-se com as pessoas certas e de bem, para fazer uma diferença ainda maior.

Os Profissionais

Meu profundo agradecimento a Daniela Vitor por sua dedicação, sua habilidosa capacidade de leitura e correção do texto, sua paciência com minha falta de familiaridade e seu tipo de encorajamento, que traduziu minhas palavras para o mais belo conceito.

Minha gratidão ao Walter Santos, que me estendeu sua confiança e me guiou através dos portões do mundo editorial colaborando com o *layout* do livro. Agradeço pela sua paciência e atenção em corrigir cada detalhe das minhas solicitações.

Os Amados

Muito obrigado aos meus filhos, Leonardo Marchesani e Marina Marchesani por me incentivarem e entenderem meu tempo no qual estava focado em escrever esse *booklet*.

Também um agradecimento especial ao meu irmão Neco, por seu apoio incondicional e inspiração sem fim.

E aos meus amigos Hélia Gomes, Célia Gomes, Noely Yassuhara, Neide Barbosa e Jeanne Farias por sua inestimável ajuda para dar vida ao *booklet*, obrigado pelas suas considerações, *feedbacks* e por acreditar na minha causa.

Agradeço a minha prima Mônica Marani e as amigas Andreia Oliveira e Anna Moura pelo incentivo e contribuição com dicas e ideias que contribuíram para esse *booklet*.

Os Professores

Do fundo do meu coração, gostaria de estender minha gratidão aos meus colegas do Brasil e dos USA que me ensinaram tudo o que sei sobre produtividade. Agradeço a Marynês Pereira que me incentivou, contribuiu e ajudou a esclarecer as dúvidas sobre alguns conceitos, obrigado também pela paciência e apoio.

Existem outras pessoas extraordinárias que me inspiraram para montar o conteúdo e fazer esse *booklet* acontecer. Brendon Burchard, Lewis Howes, Bo Eason e Roger Love, obrigado por me ensinarem a criar, escrever, filmar, liderar pessoas e processos com excelência. Vocês foram o exemplo, me motivaram muito, além de compartilhar todo o conhecimento de vocês. Obrigado pela contribuição, estou honrado em tê-los como mentores e companheiros nessa incrível jornada.

Amigos

Sem a confiança, a coragem e a abertura que meus amigos da Trendix, Beatriz, Bettina, Camila, Cláudia, Cris, Fábio, Fernanda, Mariana, Miyono, Sarah, Ut, Vivi, me proporcionaram não seria possível escrever esse *booklet*, pois foi incrível a contribuição deles que demonstraram ao longo desses anos. Agradeço ao apoio incondicional de toda a equipe. Escrever esse *booklet* não seria possível sem a contribuição inestimável de todos vocês, obrigado pelas palavras incentivadoras e por todo o suporte. Sempre estiveram perto e nunca me negaram nenhum apoio. Amo todos de paixão.

As novas amizades que fiz

Uma grande consideração para a equipe da Starbucks Brasil por muitas horas ininterruptas em seu café, investindo tempo escrevendo, principalmente aos colaboradores da loja Starbucks do Shopping Morumbi por me deixarem usar suas instalações e acesso Wi-fi por muitas horas de escrita contínua.

Eu me sinto abençoado sabendo que muitas das pessoas que me inspiraram e apoiaram nos últimos dez anos, estão na minha vida, fizeram a grande diferença, pois relacionamentos de longo prazo são mais importantes e contribuíram para chegar onde cheguei, com isso acreditei em mim novamente.

Meu trabalho não teria sido possível sem a luta, a organização e a disciplina de cada dia, onde eu puder trazer a alegria a todos os momentos nesses últimos anos.

Também sou profundamente grato por todos os meus leitores, alunos *on-line*, seguidores de mídias sociais, obrigado por todos os comentários e apoio. A todos os que me ajudaram a aprender onde pude compartilhar minha mensagem e a todos os que promoveram meu trabalho e minha missão, agradeço.

Finalmente, para todos os meus amigos, colegas, que podem ter se sentido negligenciados a qualquer momento durante esse projeto. Até hoje o mais longo da minha carreira.

Referências Bibliográficas

Fotos:
Pixabay.com - utilização gratuita

Booket - o termo usado aqui para booklet trata-se de um livro pequeno e fino e que fornece informações sobre algo.

AS 10 MENTALIDADES IMPORTANTES

1. Stephen Covey (1989), Os 7 Hábitos das Pessoas Altamente Eficazes Stephen Covey (1989) Hábito 2_Comece com um objetivo em mente.
2. Calm version 4.1.1
3. Brendon Burchard Motivation Manifesto_ (2014)
4. Brendon Burchard HPH 6 (2017)
5. Kory Kogon, Adam Merrill, Paulo Kretly, As 5 Escolhas (2016)
6. Lewis Howes, The Millionaire Morning (2017)
7. Kantar IBOPE Media (2017)
8. Brendon Burchard, HPMontlhy (2017)
9. Dr. Theo Tsaousides r. Theo Tsa Brainblocks: Overcoming the 7 Hidden Barriers to Success (2015)
10. Brendon's ChartTopping Show, The Charge Life.
11. Stephen Covey, A 3º Alternativa (2015)
12. Roy F. Baummeister, Kathleen D. Vohs, Jennifer L. Aaker e Emily N. Garbinsky, "Some key Differences Between A Happy Life and a Meaningful Life", the journal of Positive Psychology, n. 8, 2013, pp 505-16
13. James W. Pennebaker e Joshua M. Smyth, Opening Up by Writing It down: How Expressive Writing Improves Health and Eases Emotional Pain, Nova York, Guilford (2016)

14. Timoty A. Judge e Joyce E. Bono, Relationship of core Self EvaluationTraits - Self Esteem, Generlized Self Efficacy, Locus of Control, and Emotional Stability with Job Satisfaction and Job Performance: A Meta analysis, Journal of Applied Psychology, n. 86, 2001, pp80-92.

15. Richard e. Lucas, Andrew E. Clark, Yannis Geoegellis e Ed Diener, Reexamining Adaptation and the Set Point Model of Happiness: Reactions to Changes in Marital Status, Journal of Personality and Social Psychology, n. 84, 2003 pp. 527-39

16. https://trove.nla.gov.au/work/46312493?q&versionId=59214960, Bookmark: https://trove.nla.gov.au/version/592149601998-05-01, English, Article, Journal or magazine article, Photograph edition: What are you afraid of? 8 secrets that make fear disappear.(includes related narratives on conquering fear)

(1) Stephen R. Covey - Os 7 Hábitos das Pessoas Altamente Eficazes, lições poderosas para a transformação pessoal.

(2) Brendon Burchard - The Motivation Manifesto - 9 Declarations to Claim Your Personal Power (2014)

(4) https://exame.abril.com.br/tecnologia/brasileiros-consultam-celular-78-vezes-ao-dia/ - 30 de out de 2015

SEMANA 1_MODIFIQUE A SUA MENTALIDADE

(5) Kory Kogon, Adam Merrill, Paulo Kretly, As 5 Escolhas (2016)

1. Diane Naughton, Cambridge, Discovery - What are you afraid of? www.cambridge.org/Dyscoveryeducationreaders

2. Flávio Passos, Ritual Matinal Extraordinário, trabalho fundamentado na Medicina Natural Preventiva. Semana da Alimentação Extraordinária (2018)

3. Karolijne van der Howen, Henk Schut, the Efficacy of a Brief Internet- Based Self Help Intervention for the Boreaved, Behaviour Research aand Therapy, n. 48 , 2010, pp.359-67

MAURICIO MARCHESANI

SEMANA 2_CRIAR UMA VISÃO CLARA

1. Patti Dobrowolski, Drawing Solutions - How Visual Goal Setting Will Change Your Life.(2011).
2. Dean Graziosi, Millionaire Success Habits, (2016)
3. Lewis Howes, The Millionaire Morning (2017)
4. Stephen Covey (1989), The 7 Habits of Highly Effective People Stephen Covey (1989) Hábito 2_Comece com um objetivo em mente.
5. Amen, D.G (2015), Change Your Brain Change Your Life.
6. FranklinCovey Brasil, As 5 Escolhas para uma Produtividade Extraordinária, Escolha 5.
7. Ed Diener, Ed Sandivik e William Pavot, Happiness is the Frequency, Not the Intensity, of Positive Versus Negative Affect.
8. Brent D. Ross, Kathryn H. Dekas e Amy Wrzesniewski,, On teh Meaning of Work: A Theoretical Integration and review, Research in Organization Behavior, n 30,2010, pp 91-127, Adam M. Grant, The Significance of Task Significance:
   Job Performance Effects, Relational Mechanisms, and Boundary Conditionings, journal of Applied Psychology, n 93, 2008, pp108-24; Adam M. Grant, Relational Job Design and the Motivation to Make a Prosocial Difference, Academy of Management journal, n 32, 2007, pp 393-437; Adam M. Grant, Leading with Meaning: Beneficiary Contact, Prosocial Impact,and the Performance Effects of Tansformational Leadership, Academy of Management Journal, n 35, 2012, pp 458-76. Disponivel em <www.payscale.com/data-packages/most-and-least-meaningful-jobs>.

SEMANA 3_O PODER DE REALIZAR SEUS SONHOS

(5). Kory Kogon, Adam Merrill, Paulo Kretly, As 5 Escolhas (2016)

1. Stephen Covey (1989), The 7 Habits of Highly Effective People Stephen Covey (1989) Hábito 3_Foque primeiro o mais importante
2. Brendon Burchard, HPMontlhy (2018).
3. Ana Carolina, www.euorganizado.com (2016).
4. Dean Graziosi, The Better Life 30 Day Challenge, www.thebetterlife.com (2018).
5. Mel Robbins, The 5Second Rule, (2017)

6. D.C. Watson, Procrastination and the Five Factor Model: A Facet Level analysis, Personality and Individual Differences 30 (2001): 149-58.

7. L.A. Rabin J. Fogel, e K. E. Nutter-Upham, Academic Procrastination in college Students: The role of Self-Reported Executive Function, Journal of Clinical and Experimental Neuropsychology 33 (2011): 344-57.

8. Paolo, Cardini, Forget Multitasking, try monotasking filmed June 2012, ted.com/talks/paolo_cardini_forget_multitasking_try_monotasking.html.

SEMANA 4_PAUSAS PARA RECARREGAR A MENTE E O CORPO

1. Brendon Burchard, 6HPH, Generate Energy (2017)

2. Jornal Ciência, Bruno Rizzato, http://www.jornalciencia.com/top-12-habitos-saudaveis-para-melhorar-o-seu-sono-de-acordo-com-dados-cientificos/

3. Amen, D.G (2015), Change Your Brain Change Your Life.

4. Época Negócios online (2017),Nancy Foldvary-Schaefer, diretora do centro de distúrbios do sono da Cleveland Clinic. https://epocanegocios.globo.com/Vida/noticia/2017/08/saiba-como-dormir-melhor-quando-voce-esta-muito-estressado.html

5. Angela Duckworth, University of Pensylvania, Duckworth, A. I., et al.(2011)

6. Tony Robbins, https://patypegorin.net/gratidao-de-tony-robbins/ (2017)

(6) Pilcher JJ, Huffcutt AI. Effects of sleep deprivation on performance: a metaanalysis. Sleep 19: 318-326

(7) Bem estar - dormir pouco eleva risco de doenças ..g1.globo.com >noticia 201307

SEMANA 5_HORA DE APRENDER COISAS NOVAS

1. Brendon Burchard, The Charge: Activating the 10 Human Drives That Make You Feel Alive, The Drive for Congruence (2012)

2. Brendon Burchard, HPMontlhy (2017)

3. Marcus Buckingham e Donald O. Clifton, Descubra seus pontos fortes (2008)

SEMANA 6_OS HÁBITOS DA PRODUTIVIDADE

1. Robin Sharma, The 5 AM Club Own Your Morning elevate Your Life (2018)
2. Lewis Howes, The Millionaire Morning (2017)
3. Brendon Burchard, HPMonhtly Demonstrate Respect (2017)
4. Dean Graziosi, The Better Life 30 Day Challenge, www.thebetterlife.com (2018).

(8) Essência da Gestão_ Os 7 Hábitos das Pessoas Altamente Eficazes para Gestores
(9) Lista geral de tarefas - Kory Kogon, Adam Merrill, Paulo Kretly, As 5 Escolhas (2016)

SEMANA 7_TER MAIS CORAGEM

1. Brendon Burchard, HPMonhtly (2018), HPH 6_ Demonstrate Courage (2017), 255-88
2. Cynthia Pury, Consulting Psychology Journal, practice and Research, The construct of courage (2007)
3. Carol Dweck, Mindset, A nova psicologia do Sucesso (2017)

SEMANA 8_TRABALHE POR MEIO DOS OBJETIVOS DE SEUS PROJETOS

1. O que eu quero ser, www.doisbits.com, (2016)
2. Brendon Burchard, HPMonhtly, (2017)
3. Kory Kogon, Adam Merrill, Paulo Kretly, As 5 Escolhas (2016)
4. Dean Graziosi, The Better Life 30 Day Challenge, www.thebetterlife.com (2018).

(10) 2005 e 2007 um aumento de negócios da Apple - crise nos USA apple faz um ano e abala modo de vida americano, www.gazetadopovo.com.br , outubro 2005 news room, , MarinaZveibil_apple

SEMANA 9_APRENDA COMO LIDAR COM OS RELACIONAMENTOS CHAVES, COM FOCO EM CRIAR BONS MOMENTOS HUMANOS

1. A Velocidade da Confiança, Stephen M. R. Covey, (2008)
2. A Inteligência Emocional, Daniel Goleman (2012)
3. Conversas Cruciais, Joseph Grenny, Ron MacMillan , Al Switzler (2002)
4. Como Fazer Amigos e Influenciar Pessoas, , Dale Carnegie (2012)

(11) Edward M. Hallowell, MD, Hallowed Center for Cognitive & Emotional Health, Success Strategies for the Crazy Busy, (2006). Kory Kogon, Adam Merrill, Paulo Kretly, As 5 Escolhas (2016)

(12) Brendon Burchard, Stephen Covey, Lewis Howes, Tony Robbins, Bo Eason,Sheryl Sandberg, Adam Grant, Stephen M. R. Covey.

(13) Momentos Humanos, Como Encontrar Significado e Amor no Seu Dia-adia, Edward M. Hallowell, MD, (2004)

SEMANA 10_ UM ÚLTIMO LEMBRETE

1. Brainblocks, Theo Tsaousides, Procrastinação
2. T. A. Pychyl, M. M. Lee, R. Thibodeau, e A. Blunt, Five Days of Emotion: An Experience Sampling Study of Undergraduated Student Procrastination, Journal of Social Behavior and Personality (2000)
3. The Art of Choosing, Sheena Iyengar, (2011)
4. Digital Diet, Daniel Sieberg, The 4 Step Plan to break your tech addiction and regain balance in your life,(2011)

(14)) Coma Fora da Caixa, Flávio Passos, (2018), José Roberto Marques, Blog do JRM (2017).

ORGANIZAR UM TEMPO PARA FOCAR

(15) Torkel Klingberg, MD, PhD, Professor of Cognitive Neuroscience Stockholm Brain Institute, Richard Restak, MD, Professor of Neurology, George Washington University School of Medicine &Helath Sciences

(16) Produtividade na Prática, www.napratica.org.br, A Essência da Gestão - Os 7Hábitos das Pessoas Altamente Eficazes para Gestores.

(17) Kory Kogon, Adam Merrill, Paulo Kretly, As 5 Escolhas, Escolha 4, Usar a tecnologia a seu favor, (2016)

(18) Dean Graziosi, The Better Life 30 Day Challenge, www.thebetterlife.com (2018).

(19) The 5 Second Rule, Mel Robins (2017)

A Casa do Escritor é uma consultoria que presta serviços e auxilia escritores no processo de produção, publicação e lançamento de seus livros.

CASA DO
ESCRITOR

casadoescritor.com.br

www.ingramcontent.com/pod-product-compliance
Lightning Source LLC
LaVergne TN
LVHW051625080426
835511LV00016B/2177